배우 수업 오디세이

서

여행의 시작

배우 수업 오디세이 서 — 여행의 시작

발행일 2018년 7월 10일 초판 1쇄

지은이 오순한
발행인 고영래
발행처 미래사

주소 서울시 마포구 신수로 60, 2층
전화 (02)773-5680
팩스 (02)773-5685
이메일 miraebooks@daum.net
등록 1980년 12월 13일(제16-1153호)

© 오순한, 2018

ISBN 978-89-7087-111-0 14680
ISBN 978-89-7087-110-3 (세트)

21세기 연기술로 거듭 진화하는
스타니슬랍스키 '심리 기술-신체행동법'의 실천

배우 수업 오디세이

여행의 시작

오순한 지음

미래___H

| 목표 |

21세기 대한민국의 배우는 21세기 관객을 어떻게 만날 것인가? 대한민국의 21세기를 비춰내는데 가장 필요하며, 동시에 배우 각자에게 개별적으로도 적합한 메소드를 모색하는 것이다.

정체성에 있어서의 개별적인 차이 때문에 완전히 다른 창조적 요소를 필요로 하기 때문이다.

왜 다시 스타니슬랍스키 시스템인가?

법고창신(法鼓昌新) 혹은 온고이지신(溫故而知新). 진부한 표현 같지만 조금만 달리 해석하면 '새로운 것은 항상 오래된 것에 대한 반작용이다'라고 할 수가 있겠다. 그런 의미에서 이것은 시스템에 대한 나의 작업에 대해 아주 적절한 말이다. 뿐만 아니라 창조자가 아니면서 늘 새로운 것을 갈구하는, 그래서 진화를 멈추지 않는 인간의 속성과도 비슷하다.

연극에 대해, 인간에 대해, 인간의 생명활동에 대해 깊이 생각하고 또 생각해 깊이 들어가면, '경험으로서의 예술'에 대해 도달하게 되고 다시 또 인간에 대해, 인간의 생명활동에 대해 생각하지 않을 수가 없다.

　그런 의미에서 스타니슬랍스키 평생의 예술인생에 '존경'의 의미 부여를 하지 않을 수가 없는 것이다. 시스템의 핵심이 바로 '경험'이기 때문이다. 더욱이 시스템은 21세기에도 세계적으로 수용 전수되고 있으며, 여전히 유용하다. 시스템은 20세기부터 '어느 나라 사람이든 필요하면 가져다가 적용'했고, 적용하는 과정에서 각각의 개성을 통과시키면서 자신들의 새로운 토양에 적응시키고 진화시켰다. 그리고 씨앗들이 뿌려진 곳에서는 활발하게, 때로는 통합의 방향으로, 때로는 요소별 수용으로 21세기에도 여전히 진화하고 있다. 시스템은 21세기 우리 배우들에게도 역시 그러한 방향으로 통합적으로 때로는 개별 요소별로 수용되고 진화될 수 있는 메소드라고 확신한다.

　스타니슬랍스키 시스템의 통합을 위한 구축 기반은 스타니슬랍스키 이전까지의 연기술에 관한 고전들과 함께 그때까지 발전했던 행동과 감정을 다루는 '심리학'이다. 21세기의 연기 메소드를 구축하는 데 유용한 기반 역시 연기 메소드의 고전들은 기본이며, 또 시스템과 함께 통합에 필요한 기반은 '진화생물학'과 '뇌신경과학'이다.

　과거와 현재를 관통하는 연기의 본질을 담고 있는 고전은 메소드의 유전자라고 할 수 있다. 연극에 대해, 인간에 대해, 인간의 생명활동에 대해 깊이 생각해 보라. 생각하고 생각해서 깊이

들어가면 드디어 가장 인간다운 모습으로 거듭나는 그 순간, '예술적인 인간으로의 거듭남의 순간'에 대해 생각하게 된다. 다시 말해서, 처음 모방의 예술이 시작되고 스토리텔링을 시작한 그 순간을 생각하게 되는 것이다.

그리고 21세기에 들어서서 폭발적인 속도로 인간의 진화를 밝혀내고 있는 진화생물학과 뇌신경과학의 괄목할만한 발견들은, 특히 인간 자신의 몸과 정신의 관계는 물론 인간 종의 '정체성'을 밝혀주고 있다. 이것은 대단히 유용한 정보다. 아니, 무엇보다도 연극에 대해, 인간에 대해, 인간의 생명활동에 대해 깊이 생각하고 또 생각해 더 깊이까지 들어가면, 인간의 진화에 대한 연구를 하게 된 진화학자들의 목표와 만나게 되기 때문에, 우리 역시 그들과의 조우가 반드시 필요하게 되는 것이다.

나의 목표는 시간과 공간을 통시적으로 가로지르며 보편성과 개별성을 동시에 수용해내는 통합과 분리의 과정을 모색하는 것이다. 그런 다음 21세기 대한민국의 토양에 적합하고, 무대 연기는 물론 매체 연기에까지 적응할 수 있는 유연한 연기술을 모색하고 완성하는 것이다. 그리고 더 나아가 어린 아이들이 전체를 한 번에 볼 수 있는 그러한 시각으로 통합을 위한 해체를 하고, 개별적 요소들을 배우 각자의 개성에 적합한 새로운 방향으로 수용해낼 수 있는 길을 내려고 했다. 하지만 완성이라는 지점에 있어서, 인간의 진화와 마찬가지로 연기술에 있어서도 완성이라는 것은 없으므로 다음 세대의 선택에 의해서 새로운 방향으로 진화해가야 할 것이다. 그리고 그것은 이 책을 읽고 수용하고 새로운 목표를 세우는 배우들의 몫이다.

| 일러두기 |

이 책의 본문이라고 할 수 있는 「배우 수업－행동 창조의 기술－의 실천」의 순서는 엘리자베스 레이놀즈 햅굿(Elizabeth R. Hapgood)의 영어 편집본을 번역한 도서출판 예니의 스타니슬랍스키 『배우 수업』(신겸수 역)의 순서와 같다. 이 책을 선택한 것은 러시아어 텍스트를 번역한 것보다도 오히려 비교적 쉽게 이해할 수 있도록 번역되었고, 지금 현재 가장 많이 학생들과 배우들이 읽고 있다고 판단해서다. 물론 그 이유는 되도록 많은 학생들과 많은 배우들에게 『배우 수업』을 제대로 이해시키는 데 목적이 있기 때문이다.

'『배우 수업』 시스템 표'는 스타니슬랍스키의 『배우 수업』 책을 함께 놓고, 천천히 한 장씩 꼼꼼하게 확인하면서 동시에 읽을 것을 권한다. 때때로 한 장이 누군가의 선택이 되어서 진화한 경우까지 있으니, 함께 읽으면 더디기는 하겠지만 더 깊이 이해하는 데는 더 좋을 것이다. 더불어 자기 정체성에 맞는, 자신에게 유용한 장을 선택할 수 있을지도 모른다. 자신에게 필요한 창조 요소로 시작해서 보다 수월하게 총체적 결합으로 나아가는 것이 당연히 빠르다.

고치고 풀어쓰는 과정에서 스타니슬랍스키라는 이름을 써야 할 때라고 생각하는 경우와 기본적으로 학습자의 태도로서 선생이라는 말을 써야 할 때를 내 나름대로 구분해서 썼다. 토르초프 선생의 생각은 큰따옴표(" ") 안에 넣었고, 코스챠의 말에는 큰따옴표를 붙이지 않았다. 다른 책에서 다른 저자의 말을 인용할 때에도 큰따옴표를 붙이지 않고 저자와 출처만 밝혔다. 그리고 구별과 통일을 생각해서 『배우 수업』의 다른 장에서 스타니슬랍스키의 말을 재인용을 할 때도 큰따옴표를 붙이지 않고 장의 출처와 쪽수만 밝혔다.

기본이 되는 책, 스타니슬랍스키 『배우 수업』과 본 책인 『배우 수업 오디세이』 등의 책은 『 』로 표시했고, 희곡 작품과 공연 작품은 「 」로 표시했다. 이 책에서 실천의 예로 사용하는 희곡 작품들은, 저자가 이 책을 쓰는 10년 동안 학교에서 학생들과 혹은 대학로에서 배우들과 연습을 했거나 또는 공연으로 올렸던 작품들이다. 필자가 연출과 학부부터 연출과 최고과정까지 다닌 학교 이름인 기티스(GITIS)는 사람마다 조금씩 다르게 쓴다. 현재는 소비에트 시절의 정식 명칭을 쓰지 않는 관계로 지금 세계적으로 일반화된 표현인 '러시아국립연극학교'라고 썼다.

이 책의 순서에서 특별하게 제목을 다 적지 않고 간단히 약식으로 서 · 본 · 결 과 같은 방식으로 인용한 부분도 있다.

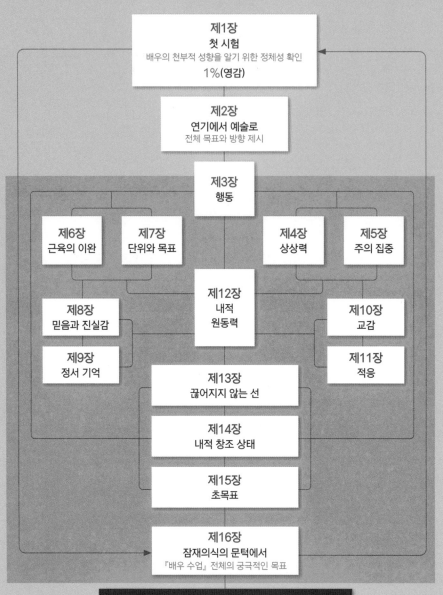

시스템 표

제1장
첫 시험
배우의 천부적 성향을 알기 위한 정체성 확인
1%(영감)

제2장
연기에서 예술로
전체 목표와 방향 제시

제3장
행동

제6장
근육의 이완

제7장
단위와 목표

제4장
상상력

제5장
주의 집중

제8장
믿음과 진실감

제12장
내적
원동력

제10장
교감

제9장
정서 기억

제11장
적응

제13장
끊어지지 않는 선

제14장
내적 창조 상태

제15장
초목표

제16장
잠재의식의 문턱에서
『배우 수업』 전체의 궁극적인 목표

잠재의식 = 본성 = 천부적 성향
99%

| '『배우 수업』 시스템 표'에 대해 |

『배우 수업』에서 각 장은 잘 구성된 전체의 부분이다. 프랙털 구조로 구축된 시스템이라는 관점에서 읽어가지 않으면 안된다. 나는 먼저 『배우 수업』을 현재를 중심으로 그 이전과 그 이후로 서 · 본 · 결 로 구성했고, 전체 속에서 배우에게 준비되어 있어야 할 내적 요소와 배우가 훈련으로 익혀야 할 외적 기술의 요소로 나누어 파악했다. 이 책 『배우 수업 오디세이』의 구성 역시 그러한 프랙털 구조의 맥락으로 연결하여 구성했다. 『배우 수업』 자체는 전체로서 서-본-결의 본에 위치시켰다. 그리고 『배우 수업』의 기-승-전-결 구조를 확인하고, 안의 내용이 인간 본성의 내적 요소별로 유기적인 구조로 되어 있어 그 맥락에 맞게 구분을 했고, 다시 각 장으로 분리된 부분들을 하나의 독립된 요소들로 파악하려고 했다. 그런 다음, 반대로의 작업을 했다. 각각의 장을 내적 요소별로 통합하고 외적 기술의 요소별로 통

합시켰으며, 그리고 다시 내적 요소들 전체와 외적 기술의 요소
들을 『배우 수업』 전체로 통합시켰다. 그러한 과정을 열 번 이상
을 반복하는 가운데 기적처럼 '『배우 수업』 시스템 표'가 만들어
졌다. 해놓고 보니 '『배우 수업』 시스템 표'의 도움으로 통합과
분리, 그리고 다시 통합하는 과정이 배로 쉬워지고 그 이상으로
효과적이었다.

　스타니슬랍스키 연기 방법은 그가 그렇게 명명했듯이 시스
템이다. 이미 세계 연극사 전반의 탐구와 기록 안에 스타니슬랍
스키 연기 방법은 시스템이라고 자리 잡고 있다. 그리고 우리 역
시 스타니슬랍스키가 자신의 연기 방법 체계 전체를 시스템이라
고 한다는 사실을 알고 있고, 그 사실에 대해 아무런 의심을 하지
않고 그냥 받아들이고 있다. 하지만 나는 스타니슬랍스키가 시
스템이라고 했다고 당연하다는 식으로 막연하게 피상적으로 받
아들이면 안 된다고 생각한다. 적어도 왜? 무슨 근거로 '시스템'
이라고 했는지 알아야 한다.

　나는 1993년부터 2005년까지 러시아의 기티스(GITIS, 러시
아국립연극학교) 연출과에 적을 두고 학부 1학년부터 시작해서 박
사학위를 취득할 때까지, 분명히 시스템이 왜 시스템인지 충분
히 배우고 또한 겪었다. 마스터에 따라서 조금씩 다른 특색을 갖
기는 하지만, 어쨌든 연출과(배우과)에 입학하여 4년을 견디면서
배웠다. 그들은 4학년 졸업 무렵에는 이미 프로 배우로서 충분

한 자질을 갖추는 것을 보았다. 놀라운 일이었다. 이것은 시스템이 배우를 키워내는 최적의 시스템이라는 반증이다. 분명히 스타니슬랍스키 시스템은 배우 수업 방법에 있어 최적의 시스템으로 배우를 키워낸다. 하지만 안타깝게도 한국에서는 그와 같은 시스템으로 배우를 길러내는 여건을 만들 수가 없다. 실기 중심이어야 하는 연기과가 대학에 속해 있고, 모두가 학기제 수업을 한다. 한 학기 15번 정도를 만나는 것이 고작인데 어떻게 시스템 교육을 할 수 있겠는가? 스타니슬랍스키의 책으로 배울 수밖에 없는 것이다. 특히 『배우 수업』은 가장 기본적인 준비단계의 배우 수업 과정이다.

　『배우 수업』 시스템으로 배우 수업을 하면 분명히 최적의 성과를 거둘 수가 있다. 최적의 성과를 거둘 수가 없다면 시스템이 아니다. 그렇기 때문에 시스템이라는 것을 드러내야 했다. 시스템을 일목요연하게 드러낼 수 없다면 시스템이라는 표현을 쓸 수가 없기 때문이다. '시스템 표'는 시스템을 일목요연하게 드러내주기 위해서 만든 것이다. 지난 10년을 백 독 넘게 읽고, 수차례의 워크숍을 하면서 수백 번을, 그리고 지우기를 반복하면서 완성해낸 것이 지금의 '시스템 표'이다. 나에게 『배우 수업』은 분명히 시스템이었다. '시스템 표'와 연결해서 전체 내용을 요약해보면 다음과 같다.

　'제1장 첫 시험', 학생들 각자의 '천부적 성향', 다시 말해서

'본성'이라고 할 수 있는 잠재의식 1퍼센트를 파악하는 일이다. 배우의 '정체'에 대해서 아는 것은 선생이나 혹은 연출가가 초보 배우들을 처음 만나서 가장 먼저 해야 하는 작업이다. 사람은 모두 다 다르다. 우리 속담에 "열 길 물속은 알아도 한 길 사람 속은 모른다"는 말이 있다. 그 사람을 알지 못하는 상태에서 그 사람에게 필요한 기술을 가르쳐줄 수는 없다. 배우 역시 마찬가지다. 대부분의 사람들이 자신에 대해서 제대로 모른 채 막연하게 하고 싶다는 마음으로 배우의 길을 선택한다. 그리고 10년 정도 지나면 거의 90퍼센트 이상은 그만둔다. 배우의 길을 선택한 사람들의 90퍼센트가 인생의 10년을 낭비하게 되는 것이다. 자기 자신이 어떤 존재인지 확인하지 않고서 배우가 된다는 선택의 위험성을 최대한 줄여주는 일, 그것 역시 선생으로서의 의무인 것이다. '제1장 첫 시험'은 드라마 스토리텔링의 구성 단계로 치면, 시작-중간-끝의 '시작'이고, 기-승-전-결의 '기'에 해당될 것이다.

'제2장 연기에서 예술로', 책 전체의 방향 제시다. 부분이지만 책 전체를 압축 요약하고 있다. 한마디로 정리하면, '예술적으로 훌륭한 것을 찾아라'이다. 드라마 스토리텔링의 구성 단계 중 시작-중간-끝의 중간인데, 중간의 시작이다. 기-승-전-결의 구성으로 보았을 때는 이 책의 전체를 담고 있으면서 부분인 '기'에 해당된다.

'제3장 행동', 행동은 심장이다. 우리 몸과 비유하자면, 심장은 호흡과 피가 공급되어야 가동되는 기관이다. 엔진인 것이다. 엔진이 멈추면 끝이다. 인간은 숨을 쉬지 못해도 죽고 심장이 멈추어도 죽는다. 그리고 심장 박동은 살아있는 인간 생활, 생명활동에 있어서 움직임과 관련이 있다. 움직임의 리듬과 행동의 리듬은 심장 박동과 깊이 관련되어 있다. '시스템 표'에서 행동이 몸의 상체, 가장 중심에 놓여야 하는 이유다. 이후의 모든 내적 요소들과 심리 기술은 모두 행동에서 비롯되고 행동으로 수렴된다. 궁극적으로 행동 창조가 목적이다. 기-승-전-결의 '승'에 해당된다.

'제4장 상상력'부터 '제5장 주의 집중' 그리고 건너뛰어서 '제10장 교감', '제11장 적응'까지는 행동 창조를 위한 내적 요소를 다루고 있다. 특히 우뇌와 신체로 연결되는 잠재의식의 영역에 해당된다, 예술적 재능으로 특화되는, 천부적으로 타고 나야 하는 창조 과정에 필요한 내적 요소들이다. 다시 말해서 반드시 본성 (선생 표현으로는 잠재의식) 내에 준비되어 있어야 할 창조적 재능들이다. 정상적으로 태어난 인간이라면 대부분은 갖고 태어나서 자라는 동안 잠재의식으로 밀려난 본성들이다. 그러니까 시스템은 '잠재된 그 본성의 출구를 어떻게 열어줄 것인가?'를 세세하게 방향 제시를 해 준다. 기초보다 더 앞선 기초를 다루고 있는 것이다. 그렇기 때문에 이미 경험이 풍부한 배우라도 다시 '준비되어 있어야 할 창조적 본성'이 준비되어 있는지를 점검할 필요가 있다.

'제6장 근육의 이완', '제7장 단위와 목표', '제8장 믿음과 진실감', '제9장 정서 기억'은 행동 창조를 위한, 경험을 기반으로 하는 내적 창조 요소들이다. 어쩌면 배우들이 자발적으로 습득할 수 있는 기술들이기 때문에 스타니슬랍스키가 가장 심혈을 기울였다고 생각해도 지나치지 않을 것이다. '신체행동법'의 근간을 이룬다고 해도 무리가 아닐 만큼 공을 쏟았는데, 아마도 배우들은 '제8장 믿음과 진실감' 그리고 '제9장 정서 기억'에서 '신체행동법'과 긴밀하게 연결되는 새로운 사실을 알고 경악하게 될 것이다. '제7장 단위와 목표'에서는 『시학』의 플롯 구성의 원칙인 시작-중간-끝을 어떻게 흡수 진화시켜내는지를 보게 될 것이다. 또 왜 스타니슬랍스키의 제자인 미하일 체호프가 '최고의 발견'이라고 했는지도 확인할 수 있을 것이다.

'제12장 내적 원동력'은 몸통 전체다. 내면의 악기를 연주할 내적 요소와 기술을 통합하는, 이를테면 행동을 가동시키는 연주자다. 세 가지 내적 원동력 '감정, 지성, 의지'는 그 잠재된 재능들을 배우 스스로 의식적으로 이끌어내는 연주 능력이다.

'제13장 끊어지지 않는 선'부터 '제15장 초목표'까지는 드라마, 작품 전체를 관통하는 플롯과 중심 주제를 파악할 수 있는 '내공'을 쌓는 방법이다. '끊어지지 않는 선'의 구축은 바로 배우의 내적 원동력의 정도(질·수·량·크기)에 달려있기 때문이다. 그런

이유로 제12장이 제13장으로 견고하게 연결되며 다시 제14장
과 제15장으로 연결되는 것이다. 전체적인 관점으로 보면 제13
장, 제14장, 제15장은 실제로 걷는 방법으로서, 다시 말해서 '행
동 창조 기술'로서 몸통에 해당되는 제12장으로 수렴된다.

'제16장 잠재의식의 문턱에서'는 결론이기도 하며, 충분히 준
비된 상태로서 연기자로 시작할 수 있는 지점에 이르렀는가? 즉,
'잠재의식의 문턱'에 도달했는가? 그 문제에 대해 배우 스스로 판
단을 내리도록 해주는 지점이다. '『배우 수업』 시스템 표' 전체를
아우르는 제1장과 제16장을 연결해주는 선은 그렇게 나온 것이
다. '제1장 첫 시험'에서 시작해서 '제16장 잠재의식의 문턱에서'
로 화살표로 연결해놓았고, 연기 수단이며 재료가 되는 배우의 잠
재의식=본성=천부적 성향에서 화살표로 '제1장 첫 시험'으로 다
시 연결해놓았다. 배우들을 대상으로 하여 목적한 바가 있기 때문
이다. 그러니까 그 화살표는 내 방식으로 압축을 하려는 뜻이기도
하다.

'『배우 수업』 시스템 표'는 그러한 모든 결론을 증명하고자
했던 내 노력의 결과로 드러난 것이고, 그 결과는 이 책의 본론
에 해당되는 『배우 수업 오디세이 − 본 』에서 『배우 수업』 전
체를 파악하는 과정이 드러날 것이다. 그 모든 과정을 완전히 이
해한다면 『배우 수업』이 연기 수업을 위한 최적의 시스템이라
는 것을 확인하게 될 것이다.

왜 다시 스타니슬랍스키인가

1

인생이 예기치 않게 곳곳에 위험이 도사리고 있는 바다로 던
져지는 모험인 것처럼 배우로서의 시작은 시작 그 자체로 인생
을 건 모험이다. 지난 10년이 나에게는 그렇게 예기치 않게 시작
된 10년을 항해한 모험이었다. 오디세우스가 처음부터 10년을
모험을 하겠다고 정해놓고 출발한 것이 아닌 것처럼, 처음부터
이 책을 어떤 프로젝트로 기획해서 쓴 것이 아니었다. 그러니 구
사일생으로 이 책이 세상으로 나오는 것이다. 『배우 수업』은 누
군가에게는 배우 인생의 지침서가 될 수도 있을 것이다. 분명히
누군가에게는 그럴 것이다. 단지 '연기술'만을 전수하지 않고, 배
우로서의 준비는 어떠해야 하는지, 그 자세를 알려준다.

예를 들어, 자네가 세계 일주 여행을 한다고 가정해보자. 세계
일주 여행을 '그럭저럭'이라던가, '막연히' 또는 '대충' 이렇게

하겠다는 식으로 생각해서는 안 된다. 이런 말들은 결코 예술
적이지 않기 때문이다. 이 대사(大事)에 맞게 자네는 아주 작은
일까지 고려하지 않으면 안 된다.

—스타니슬랍스키, '제6장 상상력', 『배우 수업』. 88.

　배우가 된다는 것은 정말 한 사람의 인생항로에서, 사람이
살아가면서 치르는 인륜지대사(人倫之大事) — 결혼하고 아이를
낳는 일보다도 더 '큰' 일일지도 모른다. 그것은 인생 전체에 걸
친 일이기 때문이다. 그래서 바다를 항해하려면 제대로 된 지도
와 나침판이 필요하듯, 인생항로를 헤쳐나가려면 제대로 된 지
도와 나침판이 필요하다. 배우 인생을 항해하기 위해서도 정확
한 항로를 나타내주는 지도와 그 방향을 제대로 가리켜 줄 나침
판이 필요하다.

　스타니슬랍스키의 『배우 수업』은 연기를 막 출발선에 서서
시작하는 이들에게 배우 인생, 그 험난한 바다를 헤쳐나갈 최적
의 나침판이다. 나는 그 나침판으로 헤쳐온 길을 아주 세세한 지
점까지 표시할 것이다. 배우로서의 인생을, 그 험난한 항해에 건
모든 용기 있는 그들에게 나침판과 함께 지도를 쥐어주고자 한
다. 그것은 계승자로서의 의무이다. 나는 계승자로서의 의무를
다하고자 여행의 기록을 쓰기 시작했다. 그러나 지도는 지도일
뿐, 바다 속 깊이를 알 수 없는 것처럼 인생의 바다는 우리가 알

수 없는 곳이라 누구도 그 여행을 예측할 수 없다. 그러나 그럼에도 불구하고 준비할 수밖에 없다. 스타니슬랍스키의 『배우 수업』은 막 출발선에 서서 연기를 시작하는 이들에게 배우로서 험난한 인생의 바다를 헤쳐나갈 최적의 나침판이다. 배우로서, 연출가로서 구사일생한 사람들이 세계 도처에서 그 진실을 증거하고 있다. 나의 지도는 그 증거들을 보여줄 것이다. 그리고 누군가는 내 지도로 인해 살아남을 백 사람 중 한 사람이 될 수 있을 것이다. 적어도 백사일생(百死一生, 백 번 죽을 뻔하다가 한 번 살아난다는 뜻), 백 사람 중 한 사람 정도는 살려낼 지도가 될 것이다.

　당신이 이 책의 항해 끝에 도달해서, 내가 10년의 항해 끝에 알게 된 사실을 알게 된다면 좋겠다. 인간으로 태어났다는 것, 그 자체로 생명의 기적이라는 것, 진화에 진화를 거듭해서 인간이라는 생명으로 태어났으니 실로 어마어마한 기적이다. 기적 같은 현실, 그 기적을 완성하는 일이 삶이다. 삶은 — 인생의 바다를 헤쳐나간다는 것 — 기적을 완성하는 일이다. 그리고 그 어마어마한 기적을 완성하기 위해서 배우의 길을 선택한다는 것은 꿍장한 일이다. 꿍장한 일인데, 온 몸으로 살아내야 하는 일이다. 그것은 1퍼센트의 타고난 것을 갖고 99퍼센트의 기술로 채워야 되는 일이다.

　인생의 바다에는 무수한 암초들이 있다. 배우로서 사는 일도 그럴 것이다. 그 고초를 견디는 힘이 어디서부터 오는 건지 잘 모르겠다. 그런데 그 고초를 견디는 기술들을 배울 수 있는 기본적인 것은 타고 난다. 자신이 타고난 천부적 성향, 1퍼센트의 가능성은 생존 본능일 것 같다. 『배우 수업』이 스타니슬랍스키가 자기의 예술 인생 전부를 토대로 해서 쓴 것처럼, 나도 삶을 살아내고서야 결과적으로 알게 된 것이다. 그래서 내가 매우 좋아하게 된 대가의 표현이 있다.

> 증기, 전기, 바람, 물 등, 우리의 의지와 상관없이 일어나는 여러 가지 자연력을 활용하는 문제는 엔지니어의 지성에 좌우되는 것이다. 우리의 잠재의식도 마찬가지로 그 나름의 엔지니어, 즉 의식적 심리기술이 없으면 제 기능을 할 수 없다.
>
> —스타니슬랍스키, '제2장 연기에서 예술로', 『배우 수업』, 28.

인생의 바다에서도 자신의 의지와는 상관없이 일어나는 일들이 있다. 그렇게 일어나는 일들로 인해 숱한 고초를 겪게 된다. 배우로 살아내는 일도 인생이다. 의지와 상관없는 일들이 왜 없겠는가. 배우라는 배를 갖고 인생의 바다에 뛰어들 때, 각자의 의지와는 상관없이 가장 먼저 만나게 되는 일은 '재능'이라는 타고난 성향, 본성이다. 스타니슬랍스키는 이것을 '잠재의식'이라고 표현한다. 본성은 이미 인간으로서 타고난 99퍼센트이다. 의지가 아니다. 타고난 것이다. 그렇기 때문에 스타니슬랍스키 역시

『배우 수업』 '제1장 첫 시험'을 통해 99퍼센트를 의미하는 배우의 천부적 성향, '정체성' 확인부터 하는 것이다.

매우 정직하게 개인적인 대답부터 하자면, 특출한 연기 재능을 갖고 태어난 사람은 배우가 되고자 하는 사람들 중 1~2퍼센트 정도일 것이다. 21세기 대한민국에서 현재를 배우로 살아내고자 하는 대다수의 사람들 99퍼센트는 보통 정도의 재능을 갖고 있다고 보면 된다. 그럼에도 불구하고 재능 있는 1퍼센트의 인간들을 따라잡을 수 있는 구사일생(九死-生)의 가능성을 만들어주는 연기술이 있다. 바로 스타니슬랍스키 연기술의 기초이자 전부라고도 할 수 있는 『배우 수업』이다. 분명히 말하는데, 이것이 가능성을 만들어주는 연기술이다. 나는 가능성을 만들어내는 데 있어서 가장 유용한 연기술이라는 그 확신 하나만 갖고 탐구를 시작했다.

어쨌든 이 책은 나에게 엄청난 의미를 갖는 책이다. 다 쓰고 나니 10년이 흘러갔다. 30년 연극 인생 중, 10년을 여기에 바쳤으니 결코 작은 일이 아니다. 10년의 시간이 한 사람의 삶에서 결코 짧은 시간이 아니다. 내 나이 마흔여섯에 시작해서 이제 쉰다섯이다. 연극 인생으로 따지면 스물다섯에 시작해서 30년이나 되었다. 연극 인생의 한 시기를 제대로 마무리했다는 생각이 든다. 30년을 온몸으로 밀어붙이며 살아냈으니, 그것으로 충분하다. 나의 타고난 천부적 성향 1퍼센트의 생존 본능만으로 연극

인생을 선택해 바다에 배를 띄우고 기적적으로 살아낸 것이다.

이것으로 충분하다. 부딪쳐서 산산조각이 났던 일도 있었고, 실패와 좌절로 폐인처럼 살기도 했다. 그러나 충분하다. 연출가로 살고 싶었지만 그러지 못하고 오래 부재중이었던 그 시간을 안타까워하거나 연연해하지도 않는다. 힘들었던 한국적 상황이 어떻든지, 배우들이 어쨌든지, 내 의지와는 상관없는 일들일 뿐이다. 덕분에 이렇게 잘 마치고 있지 않은가. 이제 나는 잘 늙어감에 대해 생각해야할 때다. 그것이 '알곡이든 쭉정이든' 살아온 만큼 추수를 하는 일이 남았다. 추수를 해놓고 잘 늙어가야겠다.

2

여행의 시작. 아마도 1993년 9월 기티스(GITIS, 러시아국립연극
학교) 연출과 1학년으로 입학한 순간이었을까? 시스템을 접한 것
이니 거기서부터 따져야 할지도 모르겠다. 그 전에 연극을 시작
할 때 처음 읽은 책이 『배우 수업』이니 거기서부터 따져야 될지
도 모르겠다. 그러면 30년이겠지만, 그 중 20년은 사실 배를 짓
는데 쓴 시간이라고 할 수 있다. 실제적으로 이 책만을 들어서 말
하면, 『배우 수업』으로 본격적인 여행을 시작한 2009년부터 따
져야 하기 때문이다. 지금이 2018년이니까, 10년의 여행이다.
이 여행의 목표는 스타니슬랍스키의 계승자로서의 오순한으로
그치는 것이 아니라 청출어람 시스템을 진화시키는 오순한으로
스타니슬랍스키 시스템을 21세기 대한민국 배우들을 위한 연기
술로 다시 새롭게 짓는 것이었다.

　2009년 겨울, 경기대 대학원생 연기 실습 후에 한국어로 번

역된 『배우 수업』을 다시 손에 들고 나침판으로 삼아서, 그 전 내가 20년 동안 만든 배를 타고 과거와 현재를 오가는 항해를 시작했다. 실로 내 인생의 긴 모험이었고 난항이었다. 무수한 암초와 소용돌이에 휘말려 표류하기도 하고, 태풍으로 배가 산산조각 나는 경험을 하면서 항해를 했다. 그렇게 해서 세계지도를 그렸다. 그러나 노쇠하기 시작하는 내 몸은 이제 그만 정박해야 할 시간이라고 말한다.

연출가로서는 거의 부재 중에 이 책을 썼다. 이 책을 쓰는 동안 연출가로서 활동이 없었다는 얘기다. 2014~2015년 사이, 두 차례에 걸쳐 연기 지망생들과 워크숍을 해서 점검을 끝냈다고 생각했다.

첫 번째 워크숍 시작은 초고를 끝내고 난 뒤, 2014년 10월 30일이다. 불현듯 나는 이 책을 제대로 실천해보고 끝내야겠다고 마음을 먹었다. 지금은 대학생이 되어 있을 두 고등학생을 가르치고 난 뒤였다.

때때로 학교 강의를 통해 스터디를 하면서 쓰고, 느릿느릿 천천히 읽고 풀고 다시 생각나면 고쳐 쓰고, 때때로 필요하면 연기 지망생 초보자들과 워크숍을 하고, 필요로 하는 제자들과 스터디를 하고⋯ 그렇게 백 독이 넘어갈 즈음이었다. 지인의 부탁으로 고등학생 남녀 둘을 가르치면서 그들의 허황된 꿈을 접했다. 그들의 부모와 함께 만난 자리에서 일단 재능이 있는지그것

만이라도 본인들이 확인할 수 있게 해달라는 요청이 있어서, 고
등학생에게 연기를 가르치는 그때까지 좀처럼 하지 않던 예외
적인 일을 하게 됐다. 『배우 수업』을 공부하는 것과 함께 동시
에 그 적용으로 딱 그들 나이의 주인공들이 등장하는 「로미오
와 줄리엣」 2막 2장을 연습 시켰다. 다행히 그 과정에서 몇 달
만에 스스로 자신의 길이 아님을 알고 다행히도 둘 다 연극을
포기했고, 부모가 원하는 대로 공부를 해서 일반 대학을 선택하
는 탁월한(?) 선택을 했다. 내가 탁월한 선택이라고 하는 의미를
제대로 이해해야 한다. 자신들이 가장 잘할 수 있는 일이 아니라
는 판단을 스스로 내렸기 때문에 그렇게 표현한 것이다.

그 두 사람의 허영, 내가 보기에는 근자감(근거 없는 자신감) 같
은 허영이 연극을 하려는 거의 모든 젊은 배우들에게 있다는 생
각 때문이었을 것이다. 나는 이 책을 끝내기로 결정했다. 그리고
그때부터 정리를 위해 필요한 인문학 서적들과 시스템과 관련된
번역서들을 함께 읽기 시작했는다. 그러다 내 능력 이상으로 일
도 커지고 또 시간이 길어지면서 힘에 부쳤다. 한번씩 막힐 때마
다 인내심을 발휘해서 문제를 풀어냈다.

그 과정을 첫 번째 워크숍에 적용했던 것인데, 2014년 10월
30일에 시작된 워크숍은 2015년 봄 공연까지 할 수 있었다. 까
뮈의 「정의의 사람들」을 공연했다.

나는 뭔가 미진하다는 생각이 들어, 여름에 2차로 「정의의

사람들」 팀과 새롭게 합류한 배우 지망생들 몇몇과 연기·화술
워크숍을 다시 하게 됐다. 워크숍을 하면서 『배우 수업』을 따로
분리해 3시간으로 잡아서 주1회 17강의 계획을 세우고 진행했
다. 그러나 진행 과정에서 분량이 길거나 설명이 더 요구되는 몇
몇 장에서 2회 이상으로 늘어나 20강이 넘어버렸다. 그럭저럭
스터디는 잘 끝냈는데, 유감스럽게도 두 번째 워크숍은 공연까
지 이어지지 못했다. 하지만 다행히 그 해 발도로프 대안학교 졸
업 공연 연극을 지도할 기회가 생겨서 『배우 수업』을 부분적으
로 적용해볼 수가 있었다.

그렇게 몇 년을 1장씩 적용과 탐구를 병행하다보니 자연스
럽게 조금은 과한 욕심을 품게 되었다. 그것은 이 책 한 권으로
시스템은 물론 시스템에서 가지를 친 여타의 메소드와 가지를
치는 과정에서 분리와 융합을 거치면서 세계를 한 바퀴 돌고 지
금에 이르기까지 스타니슬랍스키 연기 시스템이 거쳐 온 과정을
모두 정리해보겠다는 욕심이었다. 이 책 『배우 수업 오디세이』
가 토대가 되어 시스템을 제대로 이해할 수 있음은 말할 것도 없
고, 또 다른 연기술에도 보다 쉽고 빠르게 접근할 수 있는 길을
열겠다는 그 욕심으로 거의 1년여 시간을 새롭게 공부하는 시간
을 가졌다.

그렇게 해서 첫 번째 원고를 완성한 때가 2016년 봄, 1차로
정리된 500여 쪽의 원고로 출판지원금을 신청했다. 어느 정도는

각오하고 작정한 것이기는 했지만 지원금은 지원되지 않았다. '하긴 한국에서 이런 책에 출판 지원금을 줄 리가 없지. 하지만 길이 없겠어. 준비해놓으면 언젠가 책이 되는 날이 있겠지'라는 생각으로 계속해서 써나갔다.

　2016년 가을에 출판 계획이 잡혔고, 내지 편집 과정을 들어갔다. 그런데 너무나 방대한 분량이라 편집만으로도 어려운 상황에 직면했다. 내 의지와는 상관없이 그냥 잠정적으로 중단됐다. 그런 와중에 발도로프 학교에서 학생들과 작업했던 아서 밀러의 「세일럼의 마녀들」 공연 준비 과정에서 마무리된 『문장//쪼개기』(미래사, 2016)를 출판하게 되었다. 그리고 전세금을 털어서 작은 극장 공간을 만들고, 그곳에서 2017년 두 편의 연극, 안톤 체호프의 「갈매기」와 에드워드 올비의 「동물원 이야기」를 연출하면서 다시 또 '연기술'로 실제적 적용을 했다. 특히 2017~2018년 사이 두 번에 걸쳐 「동물원 이야기」 연출 작업을 하면서 이것이 21세기 대한민국 배우들에게 최적의 나침판이 되리라는 확신을 갖게 되었다. 그래서 늦어진 것, 3년 정도 더 고칠 수 있었던 것, 내 여행이 10년으로 길어진 것에 감사한다.

　2017년 봄에 긴 쉼표를 마침표로 바꾸고 그해 여름에 올렸던 「갈매기」 연출 작업에서 시스템의 요소들을 결합하는 실천 작업을 해본 일도 그렇고, 특히 2018년 두 번에 걸쳐서 에드워드 올비의 「동물원 이야기」를 연출하면서 '단위와 목표' 기술을 적용한 것은 더욱 더 만족할만한 결과를 가져왔다. 연극을 시작하는 초보 배우들과 실천에 옮기는 과정을 통해서, 스타니슬랍스키 제자 미하일 체호프가 왜 '단위와 목표'를 자기 스승의 연기술 중에서 '최고의 발견'이라고 했는지에 대해 충분히 동의할 수가 있었다. 이것에 대해서는 『배우 수업 오디세이』 프로젝트를 끝내고 난 뒤, 「동물원 이야기」 연출 과정을 통해서 자세하게 설명할 예정이다.

　내가 또 감사하게 생각하는 것은, 최근 몇 년 시스템 영향력권 내에 있는 연기술을 따로 공부하면서 진화생물학과 인문학, 철학을 전반적으로 공부한 일이다. 우선적으로 내가 과거에 읽었던 연기 훈련과 관계된 책들을 다시 점검했고, 박사과정을 마치고 돌아온 해부터 지금까지, 지난 13년 사이 한국에 출판된 책들, 특히 시스템으로부터 가지 친 책들을 읽고 시스템과 관련된 연극론들도 읽었다. 특히 배우 오순택과 영향 관계에 있는 샌포드 마이즈너의 연기 방법은 제대로 알려진 바가 없어서, 그 실루엣만이라도 확인하려면 연극론들까지 확인할 수밖에 없었다.

　10년을 때로는 열정적으로, 때로는 천천히 특히 뇌신경과학과 철학적·인문학적인 사유를 병행하며, 시대와 나라들을 옮겨갔다 옮겨오는 것을 반복하면서 그렇게 온몸으로 썼다. 다시 쓰는 과정에서 나 자신이 한 단계 더 진화하고 있다는 생각에 기꺼

웠고 충분히 즐거웠으며 '스타니슬랍스키 너머'를 두루 볼 수 있게 되었다. 긴 시간을 만만디로 풀어내면서 나는 내 욕심만큼 얻어낸 것이 크다. 욕심을 부린 덕이다. 사실 이 책의 서 와 결 은 그 욕심의 산물이다. 출판이 늦어진 것도, 또 나의 욕심도 이 책을 만날 배우들을 위한 신의 한 수였다고 감히 말할 수 있는 이유다. 풀리지 않았던 문제까지 풀렸고, 또 내가 비판하는 사람들과 똑같은 오류를 범하는 것을 최소한으로 줄이게 된 것도 다행이다.

하지만 마음은 복잡하고 생각도 많아진다. 이 책이 실천으로 이어질 수 있을까? 10년 전 우리 연극계의 현실을 모른 채, 연기 강의를 하던 중 무모하게 저질러서 지금까지 써올 수밖에 없었던 것인데, 지금 조금은 심란하고 회의적이다. 안톤 체호프의 「갈매기」와 에드워드 올비 「동물원 이야기」 그 두 작품을 연출하면서 시스템의 요소들을 현재의 연기 메소드와 결합하는 적용을 해봤고, 또 「동물원 이야기」 두 번째 공연 연습을 하면서 세 번째로 스터디를 해봤지만, 결국 시스템도 재능 있는 이들에게 유용한 것이라는 결론이 나왔기 때문이다.

나는 '이제 정말 마지막 점검이다'라는 생각 때문에 「동물원 이야기」 연출을 병행하면서도 몇 번씩이나 기절할 것같이 지쳤지만, 파고 또 파들어가면서 준비를 했다. 그러나 그들 대부분은 한두 번 읽어오는 것이 전부였다. 내가 심란하고 회의적이게 되는 이유다. 한국으로 돌아와서 지난 12년 동안 늘 보았던 풍경이다. 이 책이 공부하는 것에 대해 진저리치면서 책을 읽지 않는 우리 배우들 중 몇 명의 손에 잡히기나 할지, 읽는다면 몇 번이나 읽을지, 또 『배우 수업』은 함께 읽을지 온통 의심스럽다. 이 책이 그들이 처한 전반적인 우리 연극 상황을 얼마나 더 변화시키고 또 진화시킬지에 대한 자신도 없다. 어쩌면, 아니 실제로 그저 한 대가의 평생에 걸친 위대한 작업을 이 정도라도 풀 수 있게 된 그 사실만으로도 다행이라고 위안을 삼아야 할지도 모른다. 그것만으로 족함을 알고 마음을 비워야 하나(?), 그 어떤 결과에도 연연하지 않겠다는 생각을 하는 중에도 온갖 의구심들이 솟구쳐 올라온다.

연출가 오사량이 1970년에 이미 일본에서 번역된 『배우 수업』을 우리말로 번역하고 그 책 후기에 "확실히 이것은 돈키호테와 같은 행위가 아닐 수 없었다"라고 했는데, 읽을 때는 '흠, 왜지? 정말 중요한 책을 처음으로 번역하는 그 한 가지만으로도 기꺼워야 할 텐데 돈키호테와 같은 행위라는 표현을 쓰다니?' 그런 의문을 가졌는데, 어이없게도 21세기에도 여전히 내가 그와 똑같은 입장이 되어서 돈키호테와 같은 행위라는 데 동의를 하고 있다. 오사량이 『배우 수업』을 번역한 이후 2018년 현재까지, 우리 모두가 잃어버린 49년의 시간을 생각하니 그가 그 말을 했던 저변에 깔린 그 심정이 정말 공감이 간다. '이 책이 수십 년, 아니 그 이상의 세월을 버텨내야만 하겠구나!' 하고 생각을 하게 된다. 어쨌든 나는 썼고, 그 이후의 일은 이 책을 만날 그들에게 맡기는 것 밖에 내가 무엇을 할 수 있겠는가.

그래도 나는 당신이 이 책을 기억해 주기를 바란다. 기술책은 소설처럼 한 번 읽고 그냥 이해로 끝내는 것이 아니다. '시습(時習)'을 통해서 완전히 터득해야 되고, 그 기술이 몸에 완전히 익어서 그 기술을 활용할 줄 알아야 한다. 어떤 저자나 번역자들은 기술책을 쓰거나 번역하면서 읽기만을 기대하는데, 나는 그저 읽기만을 기대하지 않는다. 이것은 자기 계발서가 아니라 기술책이기 때문이다. 이 책을 그냥 한 번 읽기만 할 것이라면 아예 처음부터 손에 잡지 않는 것이 좋겠다. 한 번 읽기 위해서 친한 친구와 비싼 밥을 생색내면서 먹을 수 있는 돈을 지불할 필요가 없다. 양도 만만치 않아서 책꽂이 자리도 많이 차지할 것이다. 길이도 만만치 않게 긴 글을, 한 번 읽는 것으로는 뇌의 주름 속으로 들어가지도 못하고 곧 사라져버릴 건데 아까운 돈을 써가며 읽어봤자 돈 값이나 하겠는가?

그런데 정말 바라기는 배우들이 진심으로 알기를 바란다. 그 숱한 연기술에 관한 번역서들, 각자 자기가 영향 받은 '연기 메소드'나 혹은 '훈련 방법'들을 가장 빠른 접근 방법이라고, 혹은 실제적으로 유효한 훈련 방법이라고 내세우면서 번역했지만, 대부분 그 뿌리는 '시스템'이었다는 것, 그것도 지극히 기본적으로 준비되어 있어야 할 요소들과 기술을 다룬 점에 있어서는 『배우 수업』을 넘어서지 못하고 있다는 사실을 알기를 바란다. 그 중 어떤 책에는 시스템을 조각낸 편린들과 여기저기서 체계 없이 일회성으로 하는 훈련들을 모아 도무지 연결되지도 않게 변형하고는 "평생을 바친다고 해도 어느 하나 습득하기 어려운 방법들"이라고 표현되어 있다. 위대한 대가의 작업을 완전히 묵사발을 만들고 뻔뻔하게 말하는 그 오만함이라니! 이것은 초보 배우를 주눅 들게 하는 경고성 발언이다. 그리고 웃기는 얘기다. 배우더러 평생을 바쳐도 완전히 습득할 수 없는 훈련들을 왜 하라고 하는가. 그런데 더 나쁜 것은 좋은 훈련 방법이라고 입에 침이 마르도록 칭찬하면서 그 책을 번역하여 책으로 내는 우리 번역자들이다. 그들의 뇌가 자못 궁금하다. 누군가의 표현처럼 배우들을 '지치고 멍들게 해서' 결국은 포기시키는 방법들이다. 그런데 나에게 배우던 배우 지망생이 그 책을 『배우 수업』보다 더 많이 갖고 있을 거란다. 내 생각으로 판단하건데, 그 책 1장을 다 읽기도 전에 아마도 대부분 '뭘 하라는 건지, 왜 하라는 건지' 고개를 절레절레 흔들다가 책값을 아까워하면서 영문법 책처럼 책꽂이에 꽂아놓았을 것이다.

내 생각을 말하면, 습득하기도 어렵고 도움도 되지 않는 책보다는 차라리 기본 중에 기본인 『배우 수업』만 열심히 읽고 통달하는 쪽이 연기 내공을 쌓는 지름길이다. 지금으로서는 유일하게 유용한 '배우' 수업 책이다. 물론 나도 백 독을 넘기까지 족히 7년은 걸렸지만, 평생 걸려도 해결되지 않는 책을 읽을 바에야 차라리 이미 유용하다고 확실하게 검증된 기술책을 익히는 쪽이 훨씬 빠르다는 얘기다.

내 방에도 일 독을 하고 들여다보지 않아서 책벌레들의 놀이터가 되어버린 연기에 관한 책이 족히 한 백 권은 있는데, 그 백 권의 책을 읽는 데 걸린 시간이 더 길었다고 생각된다. 책벌레들이 만든 놀이터를 파괴하지 못해서 족히 30년씩, 20년씩은 넘게 지고 다닌 책이니 말이다. 솔직히 대부분의 그 책들, 전체 내용이 도무지 기억도 나지 않는 책들이다.

만일 지금 당신이 그런 책을 읽으면서 10년 이상 배우 생활을 여전히 하고 있다면, 포기하지 않은 것만도 다행한 일이다. 아니, 대단하다. 그러니 배우들이여, 지치고 멍들어서야 포기하지 말고 일단 그런 모든 연기술, 연극론들은 뒷전으로 놓고 『배우 수업』을 먼저 탐구해보라. 그 후에 뒷전에 놓았던 책들을 읽어보라. 한 번 읽는 데도 힘들었던 그 책들이 너무나 읽기 쉬워진다. 아니, 읽을 필요조차 없다는 것을 알게 된다.

많은 번역자들이 내 말을 곡해해서 들을까 봐 걱정된다. 모든 번역을 다 비판하는 것이 아님을 알아주기 바란다. 가장 좋은 번역은 기본적으로 그 언어에 능통하고, 그 책이 실제로 자신을 변화시켰기 때문에 다른 사람들에게도 그러한 변화를 줄 수 있는 책이라고 생각했을 때, 정말 충심으로 필요한 책이라서 옮긴 것이라고 생각한다. 그런 책들은 정말 필요한 사람에게는 귀한 책이다. 내가 다독을 하는 책들을 번역해준 번역자들에게 무한한 감사를 하고 있다는 사실과 함께, 그 점을 꼭 생각해주시기를 거듭 부탁드린다.

그리고 배우들에게 거듭 부탁한다. 이 책을 읽으면서 제대로 된 활용과 함께, 동시에 내가 다독을 하면서 곁다리로 소개해주는 책들을 제대로 읽고 『배우 수업』을 제대로 실천해주기 바란다. 나는 진심으로, 온몸으로 그걸 바라고 지난 10년 동안 이 책을 썼다. 제발 그런 배우, 드니 디드로가 '위대한 야바위꾼'이라고 표현했던 특별한 배우들이 나왔으면 좋겠다. 『배우 수업』이 21세기 배우들에게도 여전히 유용한 연기술책이라는 것이 증명됐으면 좋겠다. 아니, 증명해내겠다고 시작하는 배우라도 있었으면 좋겠다. 그리고 그들이 안톤 체호프가 '니나'를 통해 예술가들에게 전하고 싶었던 배우의 정체성, 다시 말해서 끝내 진정한 자기 자신을 발견하고 자기 삶의 도(道)를 닦는 경지에 이르면 좋겠다. 이 책을 그럴 마음이 있는 특별한 '그'나 '그녀'가 읽고 공부하면 좋겠다.

내 말이 대단히 도전적으로 들리겠지만, 아니다. 오히려 나는 지난 10년의 시간을 통해 기다림을 배웠고, 절망을 통해서 나의 한계와 무지를 인정하게 되었다. 또한 연출가로서의 욕심을 버렸고, 오직 우리말 화술과 우리 배우에게 맞는 연기술을 정리

하겠다는 그 꿈을 실현하는데 내 모든 노력을 기울이겠다는 결
단을 내리면서 세상의 평판이나 성공에 연연하지 않는 겸손을
갖게 되었다. '겸손'은 진화를 위해 반드시 필요한 태도다. 생물
체가 진화하려는 것은 자신이 갖지 않은 기능을 갖겠다는 생물
체 본성의 의지다. 그 본성이 '진화를 하려면 지금 네가 갖고 있
지 않은 것에 대해 인정을 해야 해'라고 일깨운다. 이 일깨움을
겸손하게 받아들여야 비로소 본성이 의지로 전환하는 적응을 시
작해주는 것이다.

인간 역시 진화 중인 생물체다. 현대 진화학자 리처드 도킨
스에 따르면, 인간의 삶이 만만치 않은 것은 진화의 최전방에 있
는 인간들과 경쟁한다는 사실 때문이다. DNA가 열등할수록 교
만에 빠지고 나태에 빠지고 안락을 추구하는 순간부터 퇴화하기
시작해서 멸종에 이르게 되는 것이다. 문화·예술의 meme(밈)
유전자는 그 퇴화가 더 빠르기 때문에 멸종도 빠르다. 우수한
meme 유전자는 문화·예술 전반에 걸쳐서 3퍼센트 정도 밖에
되지 않는다. 모든 생물체는 DNA 유전자가 조금이라도 열등할
수록 그 열등한 부분을 인정하고 변화하는 상황과 환경에 부지
런히 적응해서 생존에 필요한 기능을 갖기 위해 애써야 한다. 예
술가의 유전자라고 하는 meme 유전자도 마찬가지다. 시시각각
멸종을 향하고 있는 우수한 meme 유전자를 살려내는 일은 정
말이지 평생이 걸린다.

지난 10년의 시간은 그 전의 내 삶을 간결하게 정리하고 새로운 출발을 위해 꼭 필요한 시간이었다. 10년 전, 포장마차 언어에 불과한 희곡을 극장에 버젓하게 연극으로 올라가게 했던 나의 유치한 행위와 결별했던 것과 그 벌로 시간에 갇힌 것에, 그리고 다시 그 시간이 내게로 흘러온 것이 감사하다. 이 책을 쓰면서 『배우 수업』을 함께 실험하고 탐구한 그들 모두로부터 내가 더 많은 것을 배웠다. 그 또한 진정으로 감사한다. 이제 이 책은 당신의 배다. 항해를 위해 막 출발선에 선 젊은 배우들에게 이 글을 읽기 전에 꼭 하고 싶은 말은 아무리 튼튼한 배라고 해도 배우로서 사는 인생의 바다는 그렇게 녹녹치 않다는 것이다.

연극을 계속하거나 혹은 연극 외에 다른 선택을 하거나 나와 함께 한 공부로 그들도 얼마쯤은 얻은 것이 있으리라 믿는다. 연극을 계속한다면, 적어도 한 가지는 자신한다. 최소한 『배우 수업』을 공부하면서 이 책을 섭렵하고 나면 적어도 연기의 기초 문법이라고 할 수 있는 『배우 수업』에 정리된 '시스템'에 대해서만큼은 전 세계의 연극인들과 부끄럽지 않게 당당하게 대화를 나눌 수는 있을 것이다. 그리고 사실 내가 갖고 있었던 그 부끄러움이 좀 가셔진 것만으로도 이 책을 쓴 지난 시간이 결코 아깝지는 않다고 생각한다.

잊지 말아야할 사실이 있다. 연기의 미로에 갇혔을 때 운 좋게 날개를 달아도 추락의 위험은 도처에 있다는 것이다. 다이달

로스의 날개는 진짜 날개가 아니다. 오직 갇혀있던 미로에서 탈출하기 위한 날개다. 그런데 그 아들인 이카루스는 올려다보면 안 될 태양을 보고 높이 날려고 했기 때문에 추락한 것이다. 위만 쳐다보고 단번에 위로 높이 날아오르려고 하지 말고 미로 밖을 보라. 분명한 목적이 있었던 다이달로스와 목적을 상실한 이카루스의 차이처럼 인생을 건 확고한 목적이 없다면, 높이 날아올라도 결국 추락할 것이기 때문이다.

나는 항상 나와 함께 작업했던 모든 사람들에게 그런 일은 없어야 한다고 마음속으로 빈다. 부디 가깝지 않은 어느 날, 함께 『배우 수업』을 공부했던 그들 모두에게 고마워하는 지금 이 마음이 민망할 만큼, 또 다시 '나만 덕을 보는 것은 아닌가' 하는 우려가 현실이 되어있는 일만 일어나지 않기를 바랄 뿐이다. 연극을 그만두지 않는다면 말이다.

나는 누군가 배우를 하겠다고 하면, 늘 회의적이다. 왜냐하면 대개의 그들이 이카루스처럼 보이기 때문이다. 그리고 항상, 마치 내가 타고 있는 버스의 차창 밖 풍경처럼 지나쳐 가기만 하는 것 같아서다. 제발 누군가는 내 앞을 지나쳐서 앞으로 자신의 배우 인생을 헤쳐 나아갈 수 있으면 좋겠다.

3

디지털의 세상이 되더니 인간의 삶이 점점 더 빠른 속도로 바뀐다. 앞으로 점점 더 빨라질 것이다. 그러나 그 속도를 만드는 주체가 인간이라는 사실은 바뀌지 않는다. 무의미한 속도에 기만당하고 있는 종, 또한 인간이다. 아날로그적 인간들도 사라지지 않고 생존할 것이 분명하다. 그들이 속도에 제동을 걸 수 있는 유일한 주체가 될 것이다. 연극은 영원히 아날로그적인 예술일 수밖에 없다. 대책 없이 과속을 하고 있는 현대 문명의 모순에 제동을 걸어야 한다. 그리고 분명 연극은 인간답게 사는 길을 생각할 수 있게 제동을 거는 일을 해야 한다. 그 중심은 배우다. 배우에게 연극의 미래가 달려있다.

스타니슬랍스키 시스템 역시 지난 100년 동안 지구 한 바퀴를 돌면서 그 내용에 있어 숱한 변형을 겪었다. 그리고 그 변화와 변형은 여전히 진행형이다. 그러나 연극의 근원에서 나온 기본

원리, 그 본질은 바뀌지 않는다. 시스템의 연결 고리는 바로 그 본질이다. 생각을 열어주면 그 고리들이 보인다. 내 생각에는 '제16장 잠재의식'의 문턱에서부터 다시 전체적으로 '잠재의식=시스템의 기반'이라는 그 고리가 꿰어진다. '잠재의식의 영역'에 대해 스타니슬랍스키가 살았던 100년 전 보다는 과학적 탐구를 통해 많은 영역에서 그 비밀들이 풀어지고 있기 때문이다.

강물의 흐름은 지형에 따라서 바뀐다. 고대 그리스극에서부터 'Acting is Doing'으로 흘러오던 흐름은 스타니슬랍스키를 기점으로 'Acting is Being'으로 분명하게 전이된다. 그런 가운데 반사실주의 연극은 또 다른 흐름을 만들어냈다. 새로운 개념의 'Acting is Doing'이다. 고대 그리스극 형식으로의 회귀다. 연극, 연기의 강물은 그 양과 질에 있어서 더 넓어지고 확장되었다. 스타니슬랍스키 역시 종국에는 자신의 물줄기를 'Acting is Doing'에 합류시켰다. 그 흐름의 힘은 더욱 거세졌고 다양한 실험을 통해 총체적인 통합을 향한 방향으로 흐른다. 그리고 지금에 이르고 있다. 마치 meme 유전자가 Pool 상태에 있는 것 처럼 전 세계가 그러한 혼합 상태에서 각각의 개성적 존재들에 의해서 독특하고 또한 다양한 강물들을 만들어내고 있는 것이다. 따라서 우리의 출발점도 '지금, 여기'가 될 수 있다는 것이 내 생각이다. 바로 이 지점에서 스타니슬랍스키의 『배우 수업』 탐구는 우리 연극의 생존을 위해 필연적으로 요구되는 필요(needs)다.

하여 나는 오늘의 관점으로 스타니슬랍스키 『배우 수업』
을 배우 스스로 자발적인 능력으로 배역의 행동 창조의 기술
로 실천할 수 있게 해보려고 한다. 『배우 수업』을 본래의 신체
행동 창조의 기술로 고치는 것은 배우들에게 가장 강력한 연기
기술을 되돌려주는 일이기도 하지만, 온갖 왜곡과 변형으로 실
제 시스템 자체는 실체 없이 모호해져버린 원인들을 찾아 그 모
든 오해와 오류를 걷고 시스템의 본질을 정확하게 되돌려주는
일이기도 하다. 『배우 수업』은 연기의 기본기를 배우는 교과서
다. 『배우 수업』을 습득하지 못한 채 연기를 하는 것과 스타니슬
랍스키 시스템을 모르고 시스템에서 갈라져 나온 다른 연기술을
탐구하는 것은, 내 생각으로는 터를 다지지 않은 채 집을 짓는 일
이고, 어느 동화에서 읽었던 것처럼 장님들이 각자 만진 코끼리
의 모습을 상상하는 일이다.

　미하일 체호프가 스승인 스타니슬랍스키를 향해 도전적으
로 "스타니슬랍스키의 시스템이 연기자를 훈련시키는 고등학교
과정이라면 나의 연기 테크닉은 대학 과정이다"라고 얘기한 바
있지만, 나는 그의 말을 역설적으로 해석한다. 우리 삶에 있어서
고등학생 과정까지의 기초가 얼마나 중요한가. 고등학생 과정까
지의 기초를 제대로 배우지 않고서 대학을 가기도 힘들거니와,
기초 없이 대학에 가서 개별적인 학문들을 탐구할 수는 없는 법
이다. 그리고 미하일 체호프는 스승이 마지막 문제로 던져놓은

'잠재의식의 문턱'이라는 문제에서 출발했다. 시스템 없이 미하일 체호프의 메소드를 탐구하는 것이 불가능하다는 얘기다.

이 말은 나 자신이 배우들과 오랜 시간 미하일 체호프 메소드를 충분히 실천하고 검증한 상태에서 하는 말이다. 십수 년 전에 훈련 방법들을 중심으로 썼던 『열린 메소드의 길』 네 권 중, 언어를 중점적으로 탐구했던 제2권 『열린 메소드의 길―언어 심리 행동법』 외에는 모두 미하일 체호프의 메소드를 실천하고 검증하는 과정에서 나온 결과였다. 그런데 박사 논문을 쓰는 중에 지도교수의 발견으로 나 자신은 이미 스타니슬랍스키 시스템과 미하일 체호프의 메소드를 결합하고 있었던 것을 알게 됐다. 그래서 미하일 체호프와 스타니슬랍스키, 그리고 네미로비치―단첸코의 메소드를 결합하는 논문을 썼다. 그러니 그들 메소드에 대한 내 말에 그 정도만큼의 신뢰를 가져도 무리는 없을 것이다.

한국 배우들은 배우적인 본성, 즉 스타니슬랍스키의 표현에 따르면 잠재적 재능을 더 많이 갖고 있다. 한국의 국립극단 단원들과 작업했던 연출가 마로조프가 내 연출 실기 국가고시 심사를 하면서 해준 얘기지만, 나에게 특별한 호감으로 그렇게 말해 줬다고 해서, 그릇된 주관성으로 하는 말이 아니다. 이것은 한국 배우들과 작업해본 다른 세계적인 연출가들도 이구동성으로 하는 말이다. 나 자신 경험에 따른 주관성을 갖고 얘기하면, '심신불이', "마음과 몸이 둘이 아니다"라는 즉, 마음과 몸이 하나인

동양 정신이 바탕이 되는 나라, 한국에서 자랐기 때문에 대가들
의 방법이 결코 둘로 나뉘어서는 안 된다는 사실을 볼 수 있었다.
그렇기 때문에 미하일 체호프와 스타니슬랍스키, 그리고 네미로
비치-단첸코의 메소드를 결합하는 논문을 쓸 수 있었다.

잠재적 재능을 더 많이 갖고 있는 한국의 배우들이 안타깝
게도 그 재능을 깨워줄 교육체계가 터무니없이 열악한 상황에서
연기를 하기 때문에 제대로 꽃피우지 못하고 있다. 간간히 무대
에 서는 경험, 혹은 영화나 TV 드라마에서 단역으로 연기 경험
을 하면서 오직 경험한 시간에 의존해서 배우의 길을 간다. 연기
를 처음 배울 때, 그리고 누군가가 그 배우들을 처음 가르칠 때부
터 막연하게 가르치고 막연하게 배우기 때문이다. 각 대학의 연
기학과에서조차 그러는데 하물며 학원에서는 더 말할 필요가 없
을 것이다.

오늘날 배우들이 마주친 여러 가지 문제들을 스스로 해결
할 수 있어야겠다. 배우들이 스스로 목표를 정하고 방향을 선택
할 수 있는 연기술이 필요하다고 생각한다. 그러기 위해서는 먼
저 『배우 수업』을 철저하게 점검해야 한다. 나는 인내심만 가진
다면, 오늘날 한국 배우들에게도 충분히 『배우 수업』이 새로운
연기술로 재발견 할 수 있다고 확신한다. 시스템 완성 과정을 확
인해보라. 스타니슬랍스키 자신의 총체적인 경험을 바탕으로 한
것이기 때문에 시스템이 완성되기까지 오랜 시간이 걸렸고, 그

오랜 시간에 걸쳐서 스타니슬랍스키를 만난 제자들도 시기마다 그에게 영향 받은 바가 달랐다. 그러나 그것으로 우리가 저지르는 시스템의 오류와 왜곡에 대한 알리바이가 성립될 수 없다.

본래 시스템의 핵심은 배우와 연기다. 출발점부터 배우였다. 그래서 러시아연극학교에서는 연출과에서도 연기를 가장 기본으로 가르친다. 배우를 높이 받든다. 특히 사실주의적 연기 교육의 체계가 기본기부터 탄탄하게 잡혀있다. 그 근간을 알 수 있는 책이 『배우 수업』이다. 나 자신 러시아에서 학부부터 박사 과정까지 연극 연출 공부를 하면서 스타니슬랍스키의 『배우 수업』전 과정을 완전히 새롭게 배웠던 경험은 그 자체로 기적이었고, 그 배움을 토대로 『배우 수업』을 다시 풀어쓴 이 책은 또 다른 도전이다. '낡은 나사를 다시 새롭게 회전시키는 것', 이것이 내가 고전을 다시 풀어쓰게 된 이유이고, 또 이 책을 써나가면서 처음부터 끝까지 견지하려는 생각이다.

시스템은 한 세기 동안을 배우들에게 새로운 길을 열어줬던 특별한 메소드였고, 지금도 여전히 전 세계의 많은 배우들에게 너무나 강력하게 영향력을 끼치고 있다. 그로토프스키도 인정했듯이 분명 스타니슬랍스키 연기법은 흔하지 않은, 메소드 중에서도 '가장 완비된 것'이란 반증이다. 시스템의 틀에 대해 시비를 건다면, 시스템을 공부하는 사람들 자신들이 만든 그 각 개인의 틀에 갇힌 것이다. 시스템 자체의 틀이 아니다. 우리가 계속해서 스타니슬랍스키 시스템을 하나의 '완비된 틀'로 고정시켜서 본다면, 시스템은 연기 방법으로서는 이미 죽어버린 돌, 즉 화석이다. 연극 전체를 놓고 보았을 때 전근대적인 퇴행이 될 것이다.

생각을 전환해서 시스템을 결과가 아니라 여전히 움직이는 '과정'으로 추적한다면, 단언컨대 『배우 수업』은 지난 1세기를 뛰어넘어 지금 여기 우리의 관점으로 보다 자유롭게 생각하면서 읽어낼 수 있는 현재적 관점을 갖게 해 줄 책이다. 그러한 관점으로 나는 부주의하고 부정확하게 말해지는 시스템에 대한 오해와 오류를 풀어내고 지금, 우리 배우들에게 필요한 연기술로 새롭게 회전시키려고 한다.

일반적으로 스타니슬랍스키의 시스템 전체를 일컬어 '연기예술의 바이블'이라고 표현한다. 그로토프스키 역시 시스템을 가장 완비된 메소드라고 했다. 그런데 유제니오 바르바(Eugenio Barba)는 그의 스승 그로토프스키의 작업을 '연극의 신약성서'라고 표현했다. 그 표현에 대해 의아해하는 사람도 있겠지만, 그로토프스키를 탐구해보면 이유 있는 표현이라고 동의하게 된다. 피터 브룩(Peter Brook) 역시, 스타니슬랍스키와 그로토프스키만큼은 나란히 놓는다. 신약이 구약에서 이어지는 것처럼 그로토프스키 역시 스타니슬랍스키로부터 이어지기 때문이다. 그런 관점으로 보면 시스템은 구약성서인 셈이다.

성서로 비유한 얘기에 빗대어, 내가 하고 싶은 얘기의 핵심은 연기 예술의 축이 되는 기초로서 시스템은 지금도 건재하며 여전히 필요하다는 것이다. "연극의 문제에 머리를 앓고 있는 우리 모두는 그가 제기한 물음에 개인적인 답변을 하는 것 외에는 다른 도리가 없다"라고 했던 그로토프스키처럼 여전히 스타니슬랍스키의 시스템은 어떤 메소드와도 무관하게 충분한 기초가 된다. 시스템은 이미 고전이 됐다. 그리고 여전히 탐구할 가치가 넘치도록 충분하다. 그것은 시스템에는 인간의 보편성에 근거하는, 본질적으로 공유할 수 있는 지점이 분명히 있기 때문이다.

내가 『배우 수업』을 풀어쓴 이유는, 과거에는 인간적인 삶을 살고 싶었던 나의 생존 문제였고 지금은 배우를 꿈꾸는 모든 인간들의 인간적인 생존을 돕고 싶어서다. 매체 기술의 비약적인 발전과 연극에서 연기력을 다진 소수의 배우들의 유입으로 TV 드라마나 영화는 승승장구하고 있다. 연극으로 시작했어도 생활이 안 되니 연기가 괜찮다싶으면 영화나 TV 드라마로 빠져나간다. 연극인들, 특히 배우들이 연극만으로 생존할 수 있는 가능성은 이제 희박하기까지 하다. '예술적인 양질의 연극에 대한 갈증'을 갖고 있는 잠재적 관객들이 얼마나 되는가가 미래 한국 연극의 향방을 결정짓는 관건이 되겠지만, 미래는 불투명하다. 잠재적 관객들이 얼마나 되는지 알 길은 없다. 또 게으르고 안이한 연출·배우·연극인들 모두 공모해서 함께 합심하여 '예술적인 양질의 연극'이 공연되는 그 수를 감소시키는 데 전력을 다하는 것처럼 보인다. 그러나 나는 할 수 있는 일을 하는 도리를 다 할 뿐이다.

연극의 기초는 배우다. 연극의 토대도 배우다. 연기력이 밑받침되는 배우들의 탄탄한 토대 없이 좋은 연극 작품을 생각할 수 없다. 특히 현 시점에서 보면, 우리의 연극은 배우에 대한 기초 공사가 튼튼치 못한 채로 기형적으로 쇠태하고 있다는 느낌이다. 연극과 연기에 대해 진정한 이해와 준비가 된 배우들의 부재는 심각한 문제다. 영화도 배우들이 핵심 요소인 것은 마찬가지다. 이래서야 우리의 연극 무대는 영화판에 배우만 공급해주는 신세를 면치 못할 것이다. 연극판에 남은 배우들은 반드시 다져야 할 '기본기'에 대해 대단히 무신경하다. 오직 '끼'라는 것만으로 맨땅에 헤딩하는 식으로 거의 아마추어 상태에 머물러 있는 경우가 대다수다. 그런데 연극은 기초 공사를 게을리한 덕분으로 안주한 그 정체 상태에서 더 뒤로 퇴보해가고 있다. 이런 상황에서 연극의 미래를 낙관한다면, 사실 얼빠진 것이다.

그런 이유 때문에 나는 연극의 부활을 위해 배우 기술의 기초가 되는 시스템의 기본인 『배우 수업』을 배우에게 초점을 맞춰서 다시 낱낱이 점검하고 싶은 것이다. 그것이 내가 『배우 수업』을 풀어쓴 또 다른 이유다. 집짓기로 치면 터 잡기와 주춧돌 공사를 다시 하려는 것이다. 『배우 수업』이 연기의 기초 교본임에도 불구하고 책으로 압축 정리되어 있는 상태라서 배우들이 실기 기술로 배우기는커녕 제대로 이해조차 못하고 있다. 실기 기술로 습득할 수 있도록 바꿔서 풀어내는 것이 이 책을 내는 목적이다.

스타니슬랍스키 『배우 수업』은 연기의 기본기를 갖추게 해주는 기술적인 요소들을 다룬다. 연극이든 영화든 배우의 길을 선택하고 시작할 때 단연코 '가장 먼저 배우고 익혀야 하는 기술'이다. 영어로 된 제목 'An Actor Prepares'를 내 식으로 풀어서 해석한다면, '배우가 되기 위해 준비해야 할 것들'이다. 그런데 사실은 『배우 수업』에서 다루고 있는 대부분은 '배우가 되기 위해 준비되어 있어야 할 본성'이다. 즉, 타고나야 하는 재능인 것이다.

대다수의 배우들이 한 번 책으로 읽고 난 정도거나, 혹은 여기저기서 주워들은 정도로만 이해하고 있는 『배우 수업』은 처음 연극을 시작하는 초보 배우들이 1년 동안에 배우는 과정이다. 『배우 수업』 '15장 초목표' 수업의 마지막에 나오는 코스챠의 말을 통해 확인할 수 있다.

첫 과정의 한 해가 거의 다 지나갔다. 늘 영감을 기대해왔지만, 이 '시스템'은 내 희망을 산산이 부수어 버렸다.

—스타니슬랍스키, '제15장 초목표', 『배우 수업』, 331.

왜? 코스챠는 이 시스템이 자신의 희망을 산산이 부수어 버렸다는 그런 말을 했을까? 앞에서도 얘기한 것처럼 시스템 첫 과정인 『배우 수업』은 배우가 되기 위해 준비되어 있어야 할 본성, 천부적 재능과 그 재능을 깨워줄 기술에 대해 다루기 때문이다. 그러므로 당연히 1년의 시간으로 그 본성을 깨워내는 것도 그렇고 천부적 재능을 갖추기에는 턱도 없이 부족한 시간인 것이다. 자신이 무엇을 모르는지 아는 시간 정도가 된다고 생각해야 한다.

연기 방법에 있어서, 이성인가? 감정인가? 다시 말해서, '이성을 토대로 하는 기술인가', '영감으로부터 나오는 감정인가', 이 문제에 대한 논쟁은 최초의 연기술인 책인 『시학』에서부터 시작했지만 본격적인 논쟁은 『배우에 관한 역설(The paradox of Acting)』로부터다. 드니 디드로(Denis Diderot, 1713~1784)가 이성과 관찰과 훈련의 중요성을 그의 저서 『배우에 관한 역설』에서 개진한 이후부터 지금까지 계속해서 첨예하게 대립하는 문제로서, 이후 꼬끌랭(Denoît Constant Coquelin, 1841~1909)에게로 계승되고, 다시 스타니슬랍스키가 그의 시스템을 구축해가는 과정에서 대단히 중요한 영향을 끼치게 된다. 많은 연구자들이 코끌랭이 디드로의 주장을 강력하게 지지했고, 스타니슬랍스키는 거부했다고 하지만, 그렇지 않다. 그들이 말하는 것과 사실은 다르다. 이 책에서 명확하게 확인되겠지만, 오히려 스타니슬랍스키의 실천 과정은 지극히 디드로적이다. 그 사실 자체로도 역설적인 얘기지만, 그 뿐만이 아니다. 디드로의 주장은 『배우 수업』의 본질을 이해하기 위해서도 반드시 필요하다. 어떻게 필요한지에 대해서는 이 책의 본론인 『배우 수업 오디세이 - 본 』에서 확인 할 수 있을 것이다.

한국의 연기 교육 시스템에서 『배우 수업』 전체를 실기로 가르치는 것은 결코 가능하지 않다. 그러니 연기의 기본기를 다져주는 시스템에 대해 퍼져있는 숱한 오해들을 풀 수 없었던 것은 당연한 일이었을 것이다. 그렇다면 배우 스스로 풀어낼 수 있는 길을 열어 줘야 할 것이다. 그래서다. 그런 상황들에 대해 갑갑하게 여기면서, 시스템 과정을 제대로 경험했다고 생각하는 나로서는 마냥 그런 상태를 간과할 수가 없었다. 하여 이렇게 글로라도 스타니슬랍스키의 『배우 수업』 압축 파일을 푸는 작업을 한 것이다.

생각부터 근본적으로 바꾸어야 한다. 시스템의 정체에 대해서 많은 사람이 막연하게 피상적이거나 혹은 완전히 잘못 알고 있는 이유는, 앞에서 자세하게 얘기한 것처럼 제대로 탐구했던 사람도 없거니와 체계적으로 배우지 않았기 때문이고, 본질적으로 100년 전 러시아의 연극적 상황과 지금 우리의 상황이 다르기 때문이기도 하다. 인식의 전환이 필요하다.

첫 번째, 용어에서 해방되어야 한다. 시스템을 추종하든 비판하든 양쪽 다 용어 자체에 갇혀있기 때문이다. 용어를 통일해

야 한다고 주장하는 사람도 있지만, 카산드라의 예언처럼 누구
에게도 들리지 않는다. 미국, 프랑스, 영국, 러시아 등지에서 조
금씩 다른 뉘앙스로 바뀐 용어로 공부하고 온 사람들이 자신들
의 입에 익은 편한 용어들을 포기하기는 쉽지 않다. 자신들의 사
실 그럴 수도 없다. 각자 집중력을 발휘해서 올바르게 판단하고
올바른 적응을 하면 된다. 연출가들조차 배우와의 작업에서 같
은 용어를 다른 의미로 사용하기도 하고, 다른 용어를 하나의 의
미만 부여해서 쓰기도 한다. 그러므로 용어를 통일해서 쓰는 것
은 사실 불가능하기도 하고, 지금 현재를 사는 배우로서는 크게
의미 없는 일이다. 그냥 연출가들에게 적응하면서, 그러나 제대
로 이해하면서 작업하다 보면 시간이 지나면서 자연스럽게 정리
가 될 것이다. 그래서 차라리 용어에서 자유로운 것이 좋다는 것
이다.

　놀랍게도 이러한 진리를 일찍부터 깨달았던 스승이 있다.
2500년 전 동양의 최고의 스승인 노자다. '도가도 비상도 명가명
비상명(道可道 非常道 名可名 非常明)', 그 뜻은 "도를 도라고 말하면
그것은 늘 그러한 도가 아니다. 이름을 이름 지우면 그것은 늘 그
러한 이름이 아니다", 그것이다. 이름을 붙이는 순간 그 이름에
갇힌다는 것이다. 진리는 시대는 물론 동·서를 관통한다는 말이
옳다. 그 얘기를 현재에 스타니슬랍스키의 가장 유니크한 제자
그로토프스키가 반복한다. "우리가 우리 자신을 어떤 용어에 가

두기 시작하는 순간마다 관념의 세계, 추상의 세계에서 표류하기 시작할 것이다"라고. 2500년 전 노자의 깨달음과 그로토프스키의 발견이 그대로 통하고 있는 지점이다. 그러니 용어에 얽매이지 말고 용어에서 자유로워져라.

두 번째, '정서 기억'에 대한 오류가 가장 심한데, 시스템에서 얘기하는 정서와 일반적으로 쓰고 있는 감정의 문제와는 구분해서 생각해야 한다. 본문에서 다시 자세히 얘기겠지만 일단 교정을 하자면, '제9장 정서 기억'에서 다루는 내용의 핵심은 정서 기억 기술이다. 정서 기억을 기술로 이해해야 하는 것이다. 시스템에서 쓰는 정서 기억의 방법을 제대로 이해하려면 '정서와 신체 반응의 논리'부터 제대로 알아야 한다. 생리학적 발견에 의한 일상생활에서, 또 극적인 상황에서 반응하는 행동 논리에 따르면 '몸이 먼저 반응하고 그 이후에 정서가 들어온다'는 인간 행동의 논리를 이해해야 하는 것이다.

잠시 이 지점에서 멈춰서 스타니슬랍스키가 쓰는 심리 기술에 대해 제대로 알고, 완전히 고정관념을 밀어낼 때까지 생각하고 또 생각해야 한다. 스타니슬랍스키가 심리 기술이라고 할 때 '심리'는 마음의 이치다. 배역을 몸과 마음으로 체험하기 위한 방법이다. 여기서 핵심은 체험이다. 그러므로 그의 정서 기억방법은 '인간의 정신적 삶을 행동으로 창조' 하기 위한 기술인 것이다. 심리 기술이라는 이 말로부터 나왔을 법한 오류는 많은 연구자들이 당연시하는 오류 중에 한 가지인데, 물론 어느 한 사람이 시작했을 얘기일 것이다. 가장 최근의 연구서인 박용수의 『연극 이론의 탐구 ─ 대립적인 시각들의 대화』에도 인용된 오류로서, "러시아의 연출가인 스타니슬랍스키는 무엇보다 '심리적 사실주의(psychological realism)'를 발전시킨 것으로 알려졌다"라는 내용이다. 그러나 스타니슬랍스키 본인은 심리적 사실주의라고 말하지 않는다. '의식적인 심리 기술'이라고 계속해서 반복한다. 『배우 수업』을 한 번만 읽어도 '제2장 연기에서 예술로'에서 목표로 던져놓고 책 전체에서 프랙털 구조로 반복되고 있음을 확인받을 수 있다.

정서 기억에 대한 오류와 관련해서 바꿔야 하는 생각 중 또 하나가 '자기로부터 시작한다'는 그 말이다. 먼저 잘못을 바로잡으면, 희곡으로부터 시작한다. 희곡에서 출발해야 함을 분명히 밝히고 있다. 스타니슬랍스키는 분명히 '신체와 감정'을 분리시키지 않고 전체를 이루는 기본으로 다루고 있다. 심신불이(心身不二)의 동양 정신을 생각하면, 이 또한 동서고금(東西古今, 진리는 시대는 물론 동·서를 관통하는)의 원칙이다. 정서 기억을 다루는 『배우 수업』 '제9장 정서 기억', 다섯 번째 수업에 '자기로부터 시작한다'는 그 말의 그릇된 이해를 바꿀 수 있는 스타니슬랍스키의 말이 있다.

배우는 평소 자신의 느낌이 아니라 인물에게 더 소중한 정서를 엮어서 그리고자 하는 인물의 영혼을 짜나가는 직공(직공)이다.

이보다 더 비옥한 영감의 터전이 어디 있겠는가? 배우라는 예
술가는 자기 내면의 최고를 취하여 무대로 옮겨오는 사람이다.

—스타니슬랍스키, '제9장 정서 기억', 『배우 수업』, 213.

"평소 자신의 느낌이 아니라 인물에게 더 소중한 정서를 엮
어서"라고 하고 있다. 또 "자기 내면의 최고를 취하여 무대로 옮
겨오는 사람"이라고 했다. "평소 자신의 느낌이 아니라"고 했다
는 것을 반드시 기억해야 한다. 나 역시 배우 자신이 그대로 드러
나야 한다는 것에 이의를 다는 것이 아니다. 자기로부터 시작한
다고 했을 때, 단순하게 이미 이성적인 인간으로서의 표면적인
배우 자신을 의미하지 않는다. 스타니슬랍스키가 "자기 내면의
최고를 취하여" 인물로 옮겨낸다고 했을 때, 인간 자신의 본성을
드러내는 것을 의미한다. 이것이 내가 스타니슬랍스키 시스템으
로 연기·연출 수업을 받으면서 깨달은 사실이다.

세 번째, 시스템과 관련해서 늘 따라붙는 말, 심리 기술의 핵
심인 '역으로 사는 것 − 배역의 생활화'의 진짜 의미를 확인해야
할 것이다. 일단 간단하게라도 제대로 정리하면, 스타니슬랍스
키가 말하고자 하는 '배역의 생활화'는 희곡을 읽고 생긴 결과로
얻어진 정서 상태로, 감정에 빠져서 사는 것이 아니다. 정말 그
역으로 사는 것의 의미는, 배우가 등장인물로서 무대에서 행동
하는 바로 그 순간 살아있어야 한다는 뜻이다. 역으로서 바로 그

순간에 존재한다는 것이다. 배우의 '생명활동'으로 배역을 존재
시켜 내는 것이다.

어떻게? 물론 핵심은 경험(혹은 체험)이다. 내가 등장인물로서
행동하는 순간, 말하는 순간, 그 행동과 말을 경험하는가이다. 특
히 영국의 연출가 데클란 도넬란이 이 문제에 집중적으로 천착
한다. 행동하고 말하는 그 순간 등장인물을 경험해야 하는 것이
다. 그러려면, 등장인물로 신체적으로도 또 정신적으로도 감정
이입 되어야 한다. 균형 잡기의 정점에서 객체인 등장인물과 주
체인 내가 '진짜 감정으로 하나가 되는 것'이다. 안과 밖이 하나
가 되는 것이다. 배역의 생활화는 『배우 수업』 전체에 걸쳐서 반
복되고 있으므로, 나 또한 이 책 전체에서 진정한 의미를 찾아 반
복 확인해줄 것이다.

네 번째, 그가 연극을 하던 그때와, 지금 우리 사이에는, 시
스템 초기 형성기인 1910년을 기준으로 할 때 근 100년 이상의
시간차가 있다는 것, 그리고 스타니슬랍스키는 러시아에서 연극
을 했고 우리는 한국에서 한다는 것이다. 그 시간과 공간상의 거
리를 생각하지 않아서 생겨나는 오류가 있다. 그러니까 『배우 수
업』은 거의 100년 전 생각이므로, 지금 우리가 살고 있는 여기
이곳 한국에서 동시대인의 눈으로 세상을 보고 또 연극을 보는
관객의 시각으로 다시 생각해봐야 한다는 것이다. 실험적인 혹
은 객관적인 제3세대, 제4세대 시스템의 계승자들의 작업 역시

확인해봐야 하는 이유다.

우리는 1세기 전에, 꼭 그때 스타니슬랍스키가 출현했어야 하는 시대적 요구가 있었다는 것을 알아야 한다. 그가 살던 그 시대 직전인 18세기 말까지 범람했던 코메디아 델라르테 연극 형태조차 이미 사라지고, 꼬끌랭 식의 삶의 진실, 혹은 현실과는 거리가 먼 과장과 부자연스러움이 돋보이는 낭만주의 연극이 횡행하게 되었다. 그렇지 않겠는가. 어떤 사조도 지루함과 식상함을 동반하면 새로운 흐름을 일으키는 경향과 무리들이 반드시 생긴다. 꼬끌랭 식의 연기가 퇴장해야 하는 시기, 18세기 그런 경향을 진즉에 알아채고 경고했던 디드로의 우려에도 불구하고, 결국은 19세기에 행동과 감정의 과잉과 과장에 의한 부자연스러움이 두드러지게 되는 낭만주의 연극이 성행하게 되었고, 결국 사실성에 대한 갈증을 느끼게 되는 것이다.

특히 19세기 중반에 이르면, 그 시대 유럽에서는 '자연주의' 운동과 함께 시작된 '개혁' 운동이 일어 결국 유럽 연극은 자연스럽고 진지하고 도적적인 경향으로 나가기 시작했다. 그것이 '19세기 말'이다. 연극 양식에 연기에 있어 '진짜 감정'의 표현에 대한 새로운 흐름이 절실하게 필요한 때였다. 그러니까 '사실주의' 연기 방법을 추구하게 된 것은 시대적 요구였다. 그 시대 러시아의 쉐프킨이라는 배우가 그 흐름을 탔고 스타니슬랍스키가 연극을 하던 시기는 유럽에서도 이미 토마소 살비니(Tommaso Salvini)

와 같이 사실성을 추구하는 배우들이 속속 등장했다.

스타니슬랍스키는 그 시대, 그 사조를 예술가적인 시대적 감각으로 예리하게 느끼고 앞서서 현실과 진실을 보여줄 새로운 연기 방법을 찾아낸 선구자 중 가장 대표적인 사람이었다. 꼬끌랭 식의 진실을 뺀 기계적인 연기에 대한, 그 자신의 예술가적 거부를 이해해야 한다. 사실주의 연극이 자리 잡는데 끼친 그 사실만으로도, 이 위대한 스승이 구축한 시스템은 폐기할 이유도 없으며 폐기해서도 안 된다. 하여 나는 위에서 거론한 가장 크게 만연된 오해들을 중심으로 작은 오해까지, 시스템에 대한 오해와 오류를 교정하고 지금 현재를 사는 배우들에게 배우로서는 물론 삶의 길로 이어지는 올바른 길을 가는 데 나침판이 될 수 있도록 바꿔낼 생각이다.

2005년 스타니슬랍스키와 네미로비치-단첸코, 그리고 미하일 체호프의 메소드의 결합 가능성과 그 실제적인 작업을 바탕으로 박사논문을 쓴 이후부터 새롭게 갖게 된 나의 화두는, 지난 연기 예술 역사를 관통하는 연기 방법들의 창조적이며 실질적인 통합이다. 그래서 기왕에 고쳐 쓰는 이 기회에 스타니슬랍스키의 『배우 수업』을 탐구하는 데 있어서도 기본적으로 신체와 감정, 의식과 무의식, 우뇌와 좌뇌, 오성과 감성 등 양 극단으로 대립된 두 힘을 시스템을 토대로 다시 새롭게 충돌시켜 변증법적으로 결합해내는 쪽으로 풀어갈 생각이다.

4

연기술로서 스타니슬랍스키의 시스템은 진화한다. 또한 배우를 진화시키는 연기술이다. 물론 우리의 뇌가 통합적인 사고를 통해서만 진화하게 되어 있는 것처럼, 우리 또한 스타니슬랍스키 이후 백사일생의 대가로 살아남은 소수의 그들이 그랬던 것처럼『배우 수업』에만 그쳐서는 안 된다. 그 너머를 볼 수 있어야 한다. 그리고 우리에게 필요한 새로운 길을 열어야 한다. 그것이 내가 이 책을 쓰게 된 지난 10년을 운명으로 받아들이는 이유다.

『배우 수업』은 한 평생을 연극에 바친 스타니슬랍스키라는 대가의 '배우' 수업 과정이다. 배우와 배우 교육자, 그리고 연출가로서의 그의 인생 여정이기도 하다. 평생을 관통한 스타니슬랍스키의 배우 수업은 '자신을 아는 것으로부터 시작해서 자신이 되는 것'이었다. 그런 의미에서 스타니슬랍스키의 인생은 배우들뿐 아니라 한 인간으로서도 인생 최고의 모델이 될 수 있다. 그는 단지 기술만을 전수하지 않는다. 자신을 아는 것으로부터 출발해서 자신이 되는 그 길을 고스란히 내준다.

누구나 한 번은 독립적이고 자발적인 선택을 하는 순간을 맞는다. 스스로 삶을 살아내기 위해 삶의 전환점이 되는 결정적인 선택을 하는 순간이다. 새로운 출발을 의미한다. 인생의 전환점, 혹은 새로운 출발은 어떤 선택에 따른다. 배우가 되고자 하는 선택을 했다면 배우 인생이 시작되는 것이다. 배우의 길로 들어선 것이고, 배우 수업의 출발선에 서게 되는 것이다. 내 생각으로는 새로운 출발을 위해서 필요한 배우 수업의 최적의 나침반은 오직 『배우 수업』이다. 현재까지는 『배우 수업』만큼 오직 실천으로 깨닫고 배우의 길을 밝혀주는 배우 수업은 없다.

스타니슬랍스키의 시스템은 연기술로서 여전히 배우들에게 도움이 되며, 특히 재능 있는 배우들에게는 최고의 연기술이 분명하다. 물론 배우 스스로 선택할 일이다. 배우가 연기술을 선택할 때 제1의 조건은 분명히 '배우 자신과 자기 자신의 연기 능력을 진화시킬 수 있느냐', 그것이기 때문이다. 쉽게 말하면 배우 자신에게 도움이 되느냐다. 그런 이유로, 그 다음으로 생각해야 하는 것은 스타니슬랍스키 '그가 누구인지'를 아는 것이고, 그의 시스템이 갖고 있는 유익한 점들에 대해서다. 왜냐하면 배우 자신에게 적합해야 되기 때문이다. 그런 다음에 나는 누구고, 그는 누구고, 즉 그의 정체성과 나의 정체성을 알고 나면 정확한 선택을 할 수 있다. 그가 누구고 내가 누구인지를 아는 것은 결국 인간과 인간관계를 아는 것이다. 그런 맥락으로 우리는 스타니슬랍스키를 알고, 그의 시스템을 알아야 한다.

시스템이 여전히 살아있는 연기술로 유기적으로 진화하고 있는 이유도 스타니슬랍스키가 평생에 걸쳐서 뛰어난 배우들에 대해 알려고 했고, 그런 다음 다시 '나' 즉, 자신을 재료와 도구로 삼아 스스로 경험하고 관찰한 결과를 거듭 거듭 유기적이고 통합적인 실천을 통해서 그 중 '본질'만을 뽑아냈기 때문이다. 시스템은 움직인다. 그렇듯 전 세계적으로 실험적 신봉자들에 의해서 여전히 진화 중임에도 불구하고, 특히 한국에서 유독 잘못 파악하고 제대로 실천하지 못하는 이유는 무엇일까?

나는 연기 교사와 연구자들과 연출가들, 그리고 선배 배우들까지 포함해 모두에게 일차적인 책임이 있다고 생각한다. 한국의 연구자들은 정확한 이해와 판단이 아닌 이론을 위한 이론 탐구이거나 조금 나은 정도로는 미학적 권유에 그치고 있다. 가장 최근(2012)에 정부(교육과학기술부)의 재원으로 한국학술진흥재단의 지원을 받아 수행된 '연구' 결과로 발행된 김용수의 『연극 이론의 탐구 - 대립적인 시각들의 대화』에서 조차 스타니슬랍스키와 그의 시스템에 대한 이론 역시, 실천이 토대가 되지 않은 이론

을 위한 이론으로 모두 '~의 말에 의하면'으로 인용, 정리하고 있
다. 그 책의 문제는 앞선 이들의 오류 상태를 고치지 않고 그대로
인용했다는 데 있다. 서문에 밝힌 그 자신의 표현을 빌리면, 학술
적 경쟁 속에서 양산되는 '이론이 실천을 압도하는' 이론이며, 그
자신의 표현처럼 이론의 '공급과잉'에 그 자신도 동참하면서 우
리 연극의 생태계를 위태롭게 하고 있는 것이다.

　한국의 많은 교사들과 연출가들은 '자기들이 원하는 결과만
을 지시할 뿐, 배우들이 그 결과를 얻는 방법'을 가르쳐주지 못하
고 있다. 그리고 스스로 '그렇게 해도 되는가?' 그런 의문조차 품
지 않고 있다. 그러한 의문조차 품지 않는 사람들에게 연기술의
'어떻게' 부분에 대해 분명하고도 실천적으로 가장 간단한 대답
을 해주는 이는 스타니슬랍스키의 진정한 제자인 그로토프스키
의 진정한 제자 유제니오 바르바다.

> 어떻게 타자들에 의한 결과들을 소화하는 작용과 시간을 가지
> 면서, '먹는 데' 성공할 것인가? 식민화된 또는 유혹당한 문화
> 의 반대는 고립된 문화가 아니라, 자신의 방법으로 요리할 줄
> 알고 자신이 획득한 혹은 외부에서 들어온 것을 먹을 줄 아는
> 문화이다.
>
> 　　　　　　　　　　　　　　—유제니오 바르바, 『연극 인류학 종이로 만든 배』

그의 말처럼 배우 스스로 '먹을 줄' 알아야 한다. 어떠한 연기술이든 그것은 타자들의 결과다. 시스템 역시 스타니슬랍스키의 결과다. 그러나 문제는 한국의 연출가를 비롯해서 연극인들이 늘 알리바이로 내세우는 '전통의 부재'이다. 그 문제와 연결해서 우리에게 연극을 요리할 수 있는 '어떻게'가 없다면 우리는 타자들의 결과라도 받아들일 수밖에 없다. 우리에게 가장 필요하고 가장 올바른 방법을 찾아야 할 것이다. 그 방법은 식민화된 혹은 유혹당한 어떻게가 아니라, 유제니오 바르바의 표현처럼 "자신의 방법으로 요리할 줄 알고 자신이 획득한 혹은 외부에서 들어온 것을 먹을 줄 아는" 것이다. 그러한 관점에서 스타니슬랍스키 심리 기술은 자신의 방법으로 잘 요리할 줄 알기만 하면, 이것만큼 가장 강력한 연기술은 없다고 해도 과언이 아니다. 그 사실을 부정할 수 있는 배우들은 별로 없을 것이다. 그리고 나는 이 책을 통해서 그것을 입증해보일 것이다.

실제로 시스템은 지난 1세기 동안 전 세계 배우들에게, 그리고 연출가들에게 강력한 영향을 끼쳤고 지금도 그 영향력은 사라지지 않고 있다. 오히려 유기체와 같이 새로운 적응을 하면서 진화 중인 것이다. 이탈리아 반도의 전설이 된 연출가 조르지오 스트렐러(Girogio Strehler, 1921~1997)는 물론이고 유럽의 그로토프스키와 그의 계승자 유제니오 바르바, 멕시코의 아우구스또 보알(Augusto Boal, 1931~2009)까지, 그리고 21세기 영국의 연출가 도

넬란 데클란과 한반도에 사는 우리에게까지, 그의 시스템이 영
향을 끼치지 않은 대륙이 없다. 나는 '왜', 그리고 '어떻게' 그럴
수 있었는지, 그것을 밝혀낼 것이다.

　스타일은 다르지만 스타니슬랍스키의 시대에 태어나 스타
니슬랍스키 못지않게 연기술에 영향을 끼쳤고, 세계 연극의 지
형을 바꾼 자크 코포(Jacques Copeau, 1879~1945)의 방법과 비교해서
생각해보자. 그의 조카이자 후계자인 미셸 생 드니(Michel Saint-
Denis, 1897~1971)는 이미 오래 전에 "시스템을 선별적으로 분별력
있게 적용한다면, 시스템은 '모든 연극 양식의 문법'이 될 수 있
다"고 하였다. 그는 1922년 파리에서 공연한 모스크바 예술극장
의 「벚꽃 동산」에서 스타니슬랍스키가 '가예프' 역을 할 때, 신
체를 이용해 가예프의 '공허함'을 만들어내는 것을 보고 "진정
마법과 같았다"라고 찬사를 보낸다. 여기서 '신체를 이용해 가예
프의 공허함을 만들어내는 것을 보고'에 흥미를 가져주기 바란
다. 시스템이 심리 기술이라는 것, 그리고 '신체행동법'인 것과
깊게 연결되는 지점이기 때문이다. 그리고 미셸 생 드니가 "스타
니슬랍스키와 자크 코포의 방법이 서로 성격이 다른 가운데 연
극적인 인위성을 거부하는 공통점으로 시스템이 코포의 작업의
정당성을 확인시켜주고 동시에 보강해주고 있다"고 말한 이유와
도 연결되기 때문이다. 그는 그 경험이 그의 예술적 발전에 중요
한 전기가 되었다고 고백한다. 자크 코포로부터 가장 크게 영향

을 받았다고 할 수 있는 미셸 생 드니의 『연기 훈련』이 번역되어
있으니 확인해보라.

그럼 그 이유라는 것이 무엇일까? 시스템이 심리 기술이라
는 그 비밀을 풀어내야 알게 된다. 이 수수께끼가 풀린다면 당신
은 이 책을 이해하는데 아무 걸림돌이 없을 것이다. 그렇다. 스타
니슬랍스키 연기술은 그 본인의 말 그대로 심리 기술이다. 그리
고 내가 탐구한 바로도 그의 연기술은 심리 기술이다. 심리 기술
로서의 신체행동법이다. 앞에서도 밝힌 바 있는 그 사실을 좀 더
분명하게 짚고 넘어가자.

우리는 먼저 스타니슬랍스키의 궤적을 따라가야 한다. 개
인들에 의해서 스타니슬랍스키 시스템 중에 몇 가지 부분적으
로 연구된 갈라진 가지들을 다시 제대로, '실재론(realism)'과 '유
명론'을 통합하는 관점으로 심리 기술로서 기반이 되는 심리학
과 함께 다시 탐구해야 한다. 계승자들 중에 심리학과 함께 스타
니슬랍스키의 궤적을 따르는 대표적 주자는 영국의 연출가 케이
티 미첼(Katie Mitchell)이다. 그에 대해서는 다시 자세히 설명할 것
이고, 우리 얘기로 돌아가서, 지금 한국 배우들은 대부분 스타니
슬랍스키를 관념론적으로 받아들이고 있는 것인데, 앞에서도 말
했듯이 스타니슬랍스키의 심리 기술을 관념론적으로 받아들이
는 순간 시스템의 가치가 극단의 절벽으로 떨어져 버리는 것이
다. 그의 심리 기술은 그가 평생의 경험과 관찰과 실천을 종합해

서 구축한 것이기 때문에 시스템인 것이다. 유럽의 연극 스타일의 지경을 넓혔고, 스스로 브레히트와 자크 코포의 영향을 깊이 받았다고 하는 또 한 사람, 연출가 조르지오 스트렐러가 시스템과 전혀 상보적이지 않을 것 같은 브레히트의 서사극 원칙들과 결합시킬 수 있었던 유연성이 비로소 이해되는 지점이다.

> 그러나 한편 스트렐러는 브레히트에게서 깊은 영향을 받았으면서도, 앙상블 액팅, 닫힌 텍스트와 서브 텍스트 리딩, 일대기와 감정적 동기를 지닌 성격 창조 아이디어의 중요성에 대해서는 스타니슬랍스키에게 빚을 지고 있다는 점을 거듭 인정한다.
> — 장지연, '조르지오 스트렐러', 『동시대의 연출가론 서구편 II』

오래전 러시아에서 공부하는 중에 비디오로 조르지오 스트렐러의 공연을 보고난 그 이후부터 그에게 특별한 관심을 가지게 되었다. 한국에는 그가 '코메디아 델라르테'의 이태리 전통 연기 방법을 부활시킨 것이 알려져 있었고, 또 실제로 한국에서 그가 연출한 작품 「아를레끼노」가 공연되면서 실제로 확인되었다. 나 역시 그 공연을 보고 스트렐러가 내가 생각하는 그 이상임을 알았지만, 내가 정말 그에게 관심을 더 갖게 된 이유는, 앞의 이유보다는 그가 이른바 불가능한 결합, 즉 스타니슬랍스키와 브레히트의 원칙들을 결합한 그 점에 있다. "연출 초기에 간접적으로는 코포(Copeau)의 학생이었고, 이후 더욱 직접적으로는 주베 (Louis Jouvet), 마지막으로는 브레히트에 의해 영향을 받았다"라고 얘기하면서도 스타니슬랍스키 시스템을 인정하고 수용하는 방식의 유연함은 분명 특별히 관심을 끈다. 간단하게 요약하자면, '극적'인 연기와 '서사극적'인 연기의 간극은 '사는 것(Being)'과 '하는 것(Doing)'을 저울질 했을 때 '하는 것'에 무게추가 좀 더 내려가는 것인데, 연극의 본질 속에 이미 '사는 것'이 내재되어 있는 이상 스트렐러가 스타니슬랍스키의 시스템에 빚을 지게 되는 것은 필연적일 수밖에 없는 것이다. 시스템과의 관계는 설사 전혀 상반된 연기술의 계승자라고 할지라도 피해갈 수 없다. 그것을 미셸 생 드니와 조르지오 스트렐러가 증명해준 것이다.

심리 기술에서 행동은 몸으로 하는 경험, 체험으로서의 경험이다. 그리고 그 경험의 재창조가 '정서 기억'이다. 그러나 단지 경험했다는 것으로 그 경험의 기억이 연기(Action)가 되는 것은 아니다. 경험의 기억이 연기가 되기 위해서는 Play 기술이 필요하다. 조르지오 스트렐러가 '행동의 게스투스가 Play 기술의 핵심이 되는' 브레히트의 서사극 원칙들과 시스템을 결합시킬 수 있었던 것은 시스템 자체의 유기적인 유연성에서 비롯되는 것이다. 나는 브레히트의 서사극 이론 역시 책으로 공부했고 행동의 '게스투스'에 대해서는 실질적으로 경험한 바가 없어서 길게 얘기할 수는 없다. 다만 "성격 묘사의 물리적 기초는 게스투스에 있다. 이는 신체적 태도와 관점, 이 둘을 일컫는다"는 관점으로 내가 배운 메이어홀드의 '생체 역학' 메소드의 에피소드와 미하일 체호프의 '심리 제스처'를 연결해서 상상할 뿐이다.

어쨌든 나는 연기술 자체를 전수해주는 전통(?)이 없는 토양에서 자라 러시아에서 교육받으면서도 항상 한국에서의 작업을 고민했고, 우리 한국 배우에게 맞는 실천적 통합이 절실했다는 그런 이유로 조르지오 스트렐러의 작업을 동경했다. 러시아에서 그의 공연을 접한 뒤부터, 오랫동안 연출로서 정신적 지주로 삼았던 피터 브룩보다도 더 끌렸던 이유를 최근에서야 확실하게 깨달았다. 그리고 한국 사람인 내가 역설적이게도 러시아에서 처음으로 스타니슬랍스키와 미하일 체호프, 그리고 단첸코의 방법까지 결합하는 박사논문을 쓸 수 있었던 것은 그런 절실함이 있었기 때문이다. 논문을 끝내자 곧바로 한국으로 돌아온 이유이기도 하다. 미하일 체호프에 관심이 많았던 러시아의 한 연기 마스터는 좀 더 내가 러시아에 머물면서 자신과 교류하기를 원했지만 나는 마음이 급했다. 한국 사람으로서 거기 남아서 그들에게 내 방법들을 전수할 이유가 없었다.

그러나 한국에 돌아와서야 내가 성급하게 돌아왔다는 것을 깨달았다. 한국에서는 아직은 그런 깊이까지 도달한 그 누구도 없기 때문에 그런 논문을 쓴 것이 현재까지도 그다지 별로 큰 의미가 없다. 스타니슬랍스키 연기술조차 제대로 소화하지 못한 상태이기 때문이다. 미하일 체호프의 경우는 내가 마스터 과정을 마치고 돌아온 시기에 겨우 번역이 시작된 정도였고, 단첸코의 경우 한국에서는 현재까지도 완전한 미답지다. 어쨌든 스타니슬랍스키와 미하일 체호프의 나라 러시아에서만큼은 영원히 한국인인 내가, 그들의 나라 러시아에서 그들 세 대가의 방법을 융합시키는 작업을 하고 논문을 쓴 최초의 사람으로 인용될 것이다.

미하일 체호프는 스타니슬랍스키를 존경하는 제자였으나, 완전히 다른 길을 열었던 여타의 제자들 메이어홀드나 박탄코프와 마찬가지로 아니, 오히려 그들하고도 완전히 다른 정말 독특한 개성의 소유자였다. 그는 상상력을 타고났으며 그를 둘러싼 환경은 그의 상상력에 불을 지폈고, 그 불을 타오르게 했다. 그러나 만일 스타니슬랍스키와 만나지 않았다면, 시스템에 의해 스스로를 조절하고 생각할 수 있는 조건이 충족되지 않았다면 미하일 체호프는 그 불에 타버렸을 것이다.

무엇보다도 내가 인정할 수밖에 없는 서글픈 사실이 있다. 이 사실은 단지 대한민국의 배우들에게만 해당되지 않는다. 우리 배우들 중에서 그래도 공부를 좀 한다는 부류의 선생들과 꽤 많은 연기 전공자들이 미하일 체호프의 메소드에 관심을 갖고 있다. 그의 책들도 대체로 전부 번역되고 있는 상황이지만, 그의 메소드를 수용하는 정도는 대단히 초보적인 수준에 있다는 것이다. 스타니슬랍스키로 부족하다고 생각했을 때 마치 빛을 본 것처럼 발견

하고 전공을 미하일 체호프로 바꾸었던 나의 판단과 실천 이후 종
합적으로 다시 내리는 결론이다. 그 이유가 무엇인가를 얘기하려
면 또 대단히 긴 설명이 필요하다. 체호프에 대해서도 스타니슬랍
스키 시스템과 함께 내 전공 분야인 만큼 해야 할 얘기가 너무 많
으므로 따로 준비를 하고 있다. 다만 한 가지 결론으로 내린 사실
만 얘기하면, 미하일 체호프의 메소드 역시 초보적인 수준에서 조
금이라도 유용한 메소드로 활용하자면 스타니슬랍스키의 시스템
도움을 반드시 받아야 한다는 것이다. 이제 이 정도로 하고 우리
의 본론으로 다시 돌아가자.

　　스타니슬랍스키를 출발점으로 하지만 자신의 해결은 다르
다고 주장하는 그로토프스키 역시, 연극 속에 내재된 본질과 깊
이 연결되어 있기 때문에 '다르지만' 다른 가운데서도 심리 기술
인 시스템과 떨어질 수 없는 어떤 질긴 관계로 연결된다는 의미
를 내포한다. 그 얘기도 일단 뒤로 미루기로 하고, 그로토프스키
와 함께 유제니오 바르바에 대해서 알고 넘어가야 한다.

　　유제니오 바르바에 대해 알아야 할 것은, 그로토프스키의 작
업에 오랫동안 참여했고 가장 깊이 영향을 받은 그로토프스키의
계승자라는 것이다. 그러나 그는 그로토프스키와의 작업에서 획
득한 결과들을 자신의 방법으로 요리하기 위해 그만의 소화하는
작용과 시간을 가지면서 '먹는 데' 성공하기 위해 치열하고 올바
른 노력을 기울이고 있다. 그리고 그런 가운데 그 역시 '스타니슬

랍스키의 시스템'에 대해, 그리고 '비밀스런 기술과 그것들을 생기 있게 하는 장인적인 이해'에 대해 긍정적인 존경을 표하고 있기 때문이다.

그로토프스키의 실천을 담은 『가난한 연극』과 그의 이론적 탐색 과정이 보충된 『그로토프스키 연극론』이 번역되어 있다. 그리고 유제니오 바르바의 책은 『바르바와 오딘 극장의 연극 여정』과 『연극 인류학 – 종이로 만든 배』가 번역되어 있다.

또 한 계승자, 아우구스또 보알의 책도 여러 권이 번역되어 있다. 그 중 『배우와 일반인을 위한 연기 훈련 방법』에, 1956년에서 1971년까지 브라질 연극은 이탈리아 연출가들이 완전히 지배하고 있었는데, 그들은 모든 연극에 기존의 형식을 천편일률적으로 적용했다는 얘기와 함께 그 스스로 고백하는 내용이 있다.

배우들과 손을 잡고 연기 연구소를 열어 스타니슬랍스키를 방법적으로 연구하기 시작했다.

—아우구스또 보알, 『배우와 일반인을 위한 연기 훈련 방법』

그리고 미국의 1세대라고 할 수 있는 아메리칸 메소드 3인방, 리 스트라스버그(Lee Strasberg, 1901~1982)와 샌포드 마이즈너(Sanford Meisne, 1905~1997), 스텔라 아들러(Stella Adler, 1901~1992) 역시 기억해야 한다. 리 스트라스버그에 비해 스텔라 아들러와 샌

포드 마이즈너의 연기술에 대한 소개는 미미하지만 이 책에서
그들을 다루어야 할 필요가 있기 때문이다. 미국의 1세대와 제
3, 4세대 사이에 우타 하겐(Uta Hagen, 1919~2004)과 래리 모스(Larry
Moss), 이바나 처벅(Ivana Chubbuck) 등이 있는데 한국에는 우타 하
겐 외에는 거의 알려져 있지 않다.

　일단, 대륙에서 대륙까지 대표하는, 대륙 간의 엄청난 거리
만큼이나 완전히 서로 다른 연출가들이 스타니슬랍스키 한 사람
으로 연결이 된다. 놀랍지 않을 수가 없다. 어떻게 이런 일들이
가능할까? 도대체 시스템에 어떤 비밀이 숨겨져 있는 것인가?

　한 개인의 깜냥으로는 결코 1세기에 걸쳐서 세계를 뒤흔들
며 과거와 현재를 망라해서 스타니슬랍스키의 연기술 시스템이
끼친 영향들을 전부 논할 수는 없다. 나는 내 경험과 내 지성으
로 다른 계승자들이 어떻게, 어떤 유연성을 갖고 시스템을 자신
들의 연기술로 적용시키며 소화하고 또 발전시켜냈는지 그 과
정을 점검할 것이다. 물론 한국 배우들이 필요로 하는 연기술을
찾아내는 것이 목적이다. 그러나 모든 배우들을 만족시켜줄 그
런 연기술은 없다. 아무리 넓게 공부를 했다고 해도 그것은 일개
개인의 탐구다. 한국 배우들에게 좀 더 필요한 쪽으로, 좀 더 그
가능성을 할 수 있는 한 넓게 확장하고 깊게 파내려갈 뿐이다.
현재 진화의 주역들 제3세대, 제4세대들에 대해서 점검하는 목
적도 마찬가지다.

5

현재 진화의 주역들인 제3, 제4세대 중에서 특히 주목할 만
한 사람으로 정통의 뿌리를 가졌다고 할 수 있는 제4세대 실험
적인 신봉자로 영국의 연출가 케이티 미첼이 있다. 스타니슬랍
스키 시스템의 기반인 심리학을 토대로 그 궤적을 따라가고 있
는 대표적인 연출가다. 그녀의 저서 『연출가의 기술』이 번역되
어 있어서 어느 정도인지는 확인할 수 있을 것이다. 스타니슬랍
스키에 대해 그녀는 다음과 같이 말한다.

이후 어느 실천가들도 연출 방법론에 대해 그만큼 그렇게 오
래, 그리고 심오하게 영향을 미치지는 못했다.

―케이티 미첼, 『연출가의 기술』

내가 공부한 바로는, 케이티 미첼은 시스템을 진화시키고

스스로 진화하는 21세기 연출가 중 한 사람이다. 개인적 편견이 좀 들어간 판단이지만, 그의 행보를 확인하면 전혀 과하지 않다고 동의해줄 것이다. 그녀에 대해서는 특별한 이유로 좀 더 설명을 해야겠다.

이 책을 쓰면서, 스타스니슬랍스키의 계승자들을 확인하는 과정에서 『연출가의 기술』을 통해 케이티 미첼을 알고 조사하면서 의외의 경험을 했다. 나와 케이티 미첼이 우연하게도 평행이론에 들어맞는다. 태어난 나라는 다르지만 태어난 해(1964)가 같고, 삶의 사이클이 너무나 일치하고, 연출가로서 연기 메소드 탐구에 집착하는 방식이 같고, 그 연기술 탐구의 고리로 이어지는 인생의 변환점이 생기는 연도들도 일치한다.

그녀가 스타니슬랍스키의 시스템은 과학을 토대로 연구해야 한다는 생각에 지원비를 받아 심리학과 생리학 연구를 했던 시간이 2003년부터 2005년까지 3년간인데, 내가 한국에서의 작업에 실패하고 다시 박사논문을 쓰려고 GITIS(러시아국립연극대학)로 간 기간(2003~2005)과 같다. 그리고 그녀가 선택한 스승의 스승(샘 코간-크네벨의 제자-의 제자 보우만)이 내가 선택한 스승들(레오니도 예피모비치 헤이펫츠, 나탈리야 알렉세예브나-크네벨의 제자)의 스승과 같다. 마리야 오시프 크네벨(1898~1985)이다.

크네벨에 대해 잠깐 설명을 하자면, 그녀는 많은 제자들을 키워낸 탁월한 연기 교육자다. 미하일 체호프에게 먼저 배운 뒤 스타니슬랍스키에게로 가서 배웠다. 스타니슬랍스키와 미하일 체호프, 그 두 대가의 탁월한 제자다. GITIS에서 연기 마스터로서 많은 연기자와 연출가를 키워냈고, 사후에도 여전히 러시아에서도 최고의 연기 선생으로 받들어지고 있다. 한국에는 연출가로서 이제 막 알려지기 시작한 바실예프스키 역시 GITIS에서 크네벨에게 배웠고, 또 「햄릿」과 「오셀로」 공연으로 잘 알려진 리투아니아 연출가 네크로슈스(Eimuntas Nekrosius) 역시 GITIS에서 크네벨에게 배웠다.

케이티 미첼과 나와의 접점은 그 뿐만이 아니다. 연기 메소드를 탐구하면서 선택한 열린 생각과 성향이 유사하다. 그 접점이 바로 그로토프스키다. 폴란드 배우들의 신체 연기에 반했던 케이티 미첼은 그로토프스키와 5개월간 함께 작업했던 폴란드 연출가 스타니에프스키와의 만남을 통해 신체와 소리 연기에 대한 그로토프스키의 생각을 알게 되었다. 그로토프스키의 생각에 깊이 공감하며, 또 그로토프스키가 "신체 연기에 있어서 스타니슬랍스키의 후기 작업에서 영향을 받았음"을 간파했다. 나 역시 연출가로서의 인생을 시작하면서 그로토프스키의 저서 『가난한 연극』을 접했고, 신체가 먼저라는 것을 깨달았다. 그 이후 GITIS에서 3년에 걸쳐서 교육하는 '무대 동작'을 배우면서 그로토프스키가 『가난한 연극』에 제시한 신체 훈련들과 거의 일치하는 것을 알게 되었고, 그로토프스키와 스타니슬랍스키의 영향 관계를 확신했었다. 그리고 뒤에 다시 이야기하겠지만, 연기술에 대한 그로토프스키의 탐색 과정 역시 내가 스타니슬랍스키 연기술 시스템의 본질을 간파하는 데 대단히 중요한 열쇠다.

이 정도면 내가 '영국에 있는 한 여자 연출가와 한국에 있는 한 여자 연출가의 삶이 이렇게도 소름 돋게 평행이론에 들어맞을 수가 있나? 이런 일도 있나?' 하며, 그렇게 놀라워했음이 과장이 아니라는 사실을 인정할 것이다. 대단히 드물게 일어나는 일임은 분명하다. 언젠가 만나서 시스템에 대해 깊은 대화를 해봐야 되지 않을까? 일부러라도 꼭 함께 작업해보는 그런 기회를 만들어봐야겠다는 생각을 하지 않을 수가 없다.

그리고 개인적으로 가장 많이 주목하고 있는 21세기 연출가는 영국의 연출가 데클란 도넬란이다. 그는 21세기 연극 현장에서 자신만의 독특한 개성을 가지고 디드로의 '연기의 역설' 원칙으로 시스템을 흡수하고 융합시켰다. 내가 이렇게 확신하는 까닭은 먼저 데클란 도넬란의 『배우와 목표점』 전체가 그걸 말해주기 때문이다. 그 점에 대해서는 『배우 수업 오디세이─ 본 』 1~16권에 걸쳐서 계속 밝힐 것이다. 여기서는 두 가지만 말하려고 한다. 디드로의 『배우에 관한 역설』은 그가 자신의 책 시작지점에서 유일하게 언급하는 책이다.

디드로는 저서 『연기의 역설』에서 본성이 거짓인 연기에서 어떻게 진실성을 논할 수 있는가를 묻는다.

—데클란 도넬란, 『배우와 목표점』

또 다른 하나는 그의 책을 끝내는 그의 마무리다.

역으로의 도정(The backwards path)

이 여행에서는 인내심이 필수다. 의지력만으로는 참을 수 없어 즉흥적이 되거나 노력해서 어떤 다른 상태를 구현할 수 있다. 인내심은 미덕이고 우리는 이것의 방문을 막지 않을 정도로는 현명하다. 특히 자아비판은 코앞에서 문을 닫는 지름길이다. 자아비판을 통제할 수 있지만, 인내심의 자유로운 출입은 통제할 수 없다. 답을 오늘 찾을 수 없을 때 낙담하고 실패할 것이다. 차라리 우리 스스로를 혼내는 것이 스스로에게 인내심을 가지는 것보다 쉽다.

—데클란 도넬란, 『배우와 목표점』

그러나 배우의 끝나지 않는 탐구는 '내가 어떻게 보이지?'에서 '내가 무엇을 보지?'라는 역으로의 도정이다.

—데클란 도넬란, 『배우와 목표점』

　사전을 찾아보면 정확하게 알겠지만 'backwards'는 '거꾸로', '반대 방향으로' 등의 뜻이다. 디드로와 스타니슬랍스키의 연기술을 융합하면, 즉 디드로의 연기의 역설 관점으로 스타니슬랍스키의 『배우 수업』을 풀면 데클란 도넬란의 『배우와 목표점』이 나온다.

　내가 『시학』과 『배우에 관한 역설』을 함께 연기술로 풀어낸 책 『시학&배우에 관한 역설』을 읽어보면 알겠지만, 디드로의 연기의 역설 원칙은 나 자신 연기술로 발전시켜낸 특별한 관점이다. 내가 시스템을 Play를 위한 통합 메소드로 '융합'하고 '진화'시켜내기 위한 핵심적인 관점으로 장착한 연기 방법이기도 하다. 그러니 『배우 수업』과 연결해서 주목하지 않을 수가 없다.

　데클란 도넬란, 그는 러시아 배우들과의 작업을 통해서 시스템을 개성적으로 흡수해서 진화시켜가는 중이고, 다행히도 한국에 그의 저서 『배우와 목표점』이 번역되어 있다. 그는 상상력을 가장 중요하게 생각한다. 상상력을 작동시킴으로써 대사를 인물의 말로, 행동을 인물의 삶으로 유기적 전이를 시킬 수 있는 방법을 찾는다.

　내가 그에게 강하게 흥미를 갖고 있는 또 다른 특별한 이유는, 꼭 한 번의 경험이지만 그의 연출 방식이 강한 인상으로 남아 있기 때문이다. 1997년 러시아에서 '미하일 체호프 국제 워크숍'

에 참가했을 때, 마침 러시아에 있었던 그가 1일 연출 마스터로 배우들의 상상력을 일깨우는 과정을 직접 시연을 해주었는데, 대단히 흡인력이 강했다. 그는 대단히 확신에 차서 그 즈음에 구체적으로 발전하고 있었을 그의 생각들로, 탁월한 그의 저서 『배우와 목표점』에서 예로 들고 있는 「로미오와 줄리엣」 발코니 장면을 젊은 남녀 배우 둘을 무대로 불러 연출을 해보였다. 그의 책을 읽는 내내 그와 남녀 배우 둘이 파워풀한 에너지로 그 넓은 홀의 공간을 채웠던 시간으로 되돌아간 기분으로 유쾌했다.

나는 특히 그가 명명한 목표점이 대단히 활용도가 높은 기술이라고 생각한다. 내 책 『배우 수업 오디세이』 전체에서 꽤 자주 그의 '목표점'과 시스템의 접점에 대해서 비교할 것이다. 특히 이 책의 본론인 『배우 수업 오디세이 - 본 』에서 그의 개성을 통과해서 완전하게 새롭게 진화한 그의 실천적인 접근 과정을 내가 어떻게 우리 배우에게 적용시키면서 활용하는지 확인시켜줄 것이다. 우리 배우가 어떻게 실천에 옮길 수 있는지도 확인시켜줄 것이다. 2017년과 2018년에 연출했던 「갈매기」 작업과 「동물원 이야기」 작업을 통해서 실제적인 작업으로 적용했다. 「갈매기」 연출 작업에서의 적용은 내 책 『연출의 기술 - Play is Play』에서 확인할 수 있다. 「동물원 이야기」에 적용시킨 실천 사례 역시 '연출의 기술' 두 번째 책으로 확인시켜줄 것이다.

'단위와 목표' 기술은 나 자신, 현재 연출가의 입장에서 가장 필요하다는 절실함을 갖고 탐구했다. 한국으로 돌아와서 지난 12년 동안 수업을 하면서도, 공연 준비 과정에서도 '단위와 목표'에 토대를 둔 신체 행동 창조의 과정을 실천으로 적용해보았다. 지금까지 아마추어와 프로 작업을 포함해서 몇 번의 연극 연출 작업에서 실행해보았다. 아마추어 작업으로는 발도로프 학교에서 졸업 공연으로 올린 아서 밀러의 「세일럼의 마녀들」과 워크숍으로 올린 「정의의 사람들」이 있고, 아마추어 작업으로 이 책에서 예를 들고 있는 밀란 쿤데라의 「자크와 그의 주인」은 준비하는 도중에 중단되어서 공연까지 올리지는 못했다. 프로 작업으로는 안톤 체호프의 「갈매기」와 두 차례에 걸쳐 공연했던 에드워드 올비의 「동물원 이야기」가 있다.

특히 「동물원 이야기」는 단위와 목표 기술에 '스토리텔링'을 결합하여 적용했는데 꽤 유용했었다. 또 나만의 특별한 방법인 '문장//쪼개기'를 통한 신체 행동 창조 과정을 함께 적용해 우리 배우들에게 맞는 연기술/화술로서도 탐색했기 때문에 나로서도 대단히 흥미로운 과정이다. 시스템의 요소들 중 아마도 가장 빈번하게 텍스트와 함께 적용하면서 실천했던 요소일 것이다.

단위와 목표 기술을 작업에 활용하고 있는 한 사람을 더 꼽자면 미국의 연출가 마이클 블룸이다. 그는 스스로 객관적인 신봉자라고 자처하면서 시스템을 옹호하고 특히 『배우 수업』의 '제7장 단위와 목표'에서 행동을 찾는 기술을 뽑아 연출의 기술로 쓰고 있다. 딱히 특별하게 진화를 시키지 않고 직접적으로 활용하는 그의 쉽고 편한 수용 과정이 탐탁치는 않다. 역시 최적의 경제성을 드러내는 미국인적인 적용을 하고 있다. 『배우 수업』의 '제7장 단위와 목표'를 완벽하게 터득하면 내가 그의 적용 과정을 탐탁지 않게 생각하는 이유도 알 수 있을 것이다.

그러나 그럼에도 불구하고 그를 시스템을 진화시키고 있는 대열 끄트머리에 합류시키는 이유는 우리 연출가들은 그만큼도 못하고 있고, 또 그래도 그가 행동을 찾는 과정이 그의 말대로 시스템의 무조건적 수용이 아닌 자신의 객관적인 탐구를 통해서라는 판단이 들어서다. 스스로 말하는 것처럼 '행동을 중심으로' 연출 작업을 하고 있고, 행동을 찾아가는 접근 방법은 본질에 있어서 제7장의 내용에 근접하고 있다. 그는 『연출가처럼 생각하기』 3장에서 처음부터 연출가들에게 행동을 해석하는 방법으로 "희곡을 단락과 행동으로 나누는 작업으로 분석 과정을 시작하자"고 제안한다. 그리고 "행동은 스토리의 엔진이며 스토리와 연결된 세포조직 같은 것이다"라고 한다. 정확한 판단이다. 내가 행동을 시스템 표에서 우리 몸의 심장과 비유하는 것과 같은 맥락이다. 아쉬운 것은 그가 "스타니슬랍스키가 도달한 결론은 프로이드가 내린 결론과 흡사한 면이 있기는 하지만 그가 심리학을 연극 연습에 도입한 것은 아니다"라는 결론을 내린 것이다. 그 생각은 옳지 않다.

우선 연습에 도입을 했는지는 확인할 수 없으나, 스타니슬랍스키가 심리학을 자신의 심리 기술의 기반으로 삼았고, 연기를 탐구하는 과정에서 깊이 공부했다는 사실은 명백하다. 베네디티가 발견한 바, 스타니슬랍스키의 서재에 꽂혀있던 '정서'에 관한 리보의 많은 심리학 저서들과 또 스타니슬랍스키가 『배우수업』에서 19세기 심리학자 리보(Theodule Ribot, 1839~1896)의 사례를 예로 들고 있음이 그것을 증명한다. 그리고 무엇보다도 스타니슬랍스키 자신은 어떤 결론도 내리지 않았다. '내 소관 밖이다'라는 표현으로 시스템을 수용하는 각자의 과제로 넘긴 것이다. 이미 그의 제자들이나 계승자들이 증명하듯이 수용과 습득은 정체성에 따라 각자 다 다를 수밖에 없음을 알고 있었던 것이다. 그리고 그것이 시스템이 계속해서 유기체처럼 진화해가고 있는 또 하나의 특별하고도 중요한 이유다.

그렇게 시스템은 마치 생명체처럼 자발적으로, 유기적으로 변화하고 진화한다. 그로토프스키처럼 뛰어난 개성과 만났을 때, 새로운 변화를 일으켜 진화된 연기술로 재탄생을 한다. 스타니슬랍스키 스스로 평생을 계속해서 관찰과 공부를 병행하면서 진화시켰듯이, 그의 탁월한 제자들은 물론 현재에도 객관적인 신봉자들에 의해서 그 진화는 계속되고 있다.

실천적으로 시스템의 본질을 취해서 진화시켜가고 있으며, 한국에 그들의 실천적인 진화의 기록이 번역되어 있는 제3세대와 제4세대에 속하는 계승자들의 예를 들면서, 리 스트라스버그의 계승자들은 이 대열에 합류시키지 않았다. 가장 중요한 이유는 지나치게 시스템을 편협하게 받아들인 결과로 인해서 배우들을 Play로부터 멀어지게 만들기 때문이다. 리 스트라스버그 자신의 '메소드 연기'가 이미 스타니슬랍스키의 시스템을 변형시키는 방향으로 갈라졌고, 그 이후 그의 메소드는 그의 2, 3세대를 거치면서 변종되어 더더욱 시스템과는 멀어져 버렸다. 그로토프스키나 미하일 체호프처럼 창조적으로 자신의 요리법으로 스스로 먹을 수 있는 방법으로 진화시킨 것이 아니라 완전히 왜곡해서 전혀 다른 요리로 만든 부류들이다. 한마디로 얕다. 조야하다. 그의 메소드 정도만 확인하는 것으로 충분하다는 생각이다. 그외 미국에서 수입한 그 많은 연기술 책들은 한국에 번역되어 있는 숱한 연기술 책들을 확인하고 내린 판단이다. 읽어보니 모두 시스템을 부분적으로 수용하면서 미국적 토양에 맞게 수용했던 '메소드 연기'와의 교배 과정에서 또 한 번의 변형을 거친 상태다. 물론 내가 왜 그러한 판단을 하는가에 대한 근거 역시 밝힐 것이다. 이 책, 특히 『배우 수업』의 '제9장 정서 기억'을 풀어낸 『배우 수업 오디세이 - 본 - 9 정서 기억』에서 낱낱이 확인시켜줄 것이다. 지금은 일단 우리 얘기로 돌아가 우리의 현실을 진단해보자.

6

우리의 현실(?), 우리라고 크게 별다르지는 않다. 아니 최악의 상황이다. 이분법적인 비판도 어려울 정도로 변종조차도 일어나지 않았을 만큼 제자리를 맴돌고 있다. 우리의 상황은 '어떻게'의 수용 과정에서 '식민화된 또는 유혹당한' 문화적인 '암덩어리들'로 만신창이가 된 상태다. 연극계는 막장드라마보다 더한 막장으로 흘러간다. 설상가상 배우가 되는 것이 절실한 사람들보다 연극을 막장으로 선택하는 사람들이 더 많다. 사회의 일원으로서 제대로 사는 것을 박탈당하고 삶의 어려움에 두려움을 갖게 된 젊은 청춘들이 이제 아무것도 할 것이 없게 된 무능을 감추기 위해서, 힘든 일이 하기 싫어서 꿈이라고 설레발치며 예술을 한답시고 대학로 소극장으로 몰려들고 있다. 지하 소극장은 이제 진짜 막장이다.

근본적으로 우선해서 시급히 수술해서 도려내야하는 부분

을 진단해야 한다. 그런데 수술로 도려내는 것이 가능한가? 어디서부터 시작해야 하는가? 시계를 되돌려보자.

유치진은 1950년대 이미 자유세계를 한 바퀴 돌고 와서, 어디를 가든 스타니슬랍스키 시스템으로 수련하고 있다고 하면서 "세계를 뒤흔들고 있다"고 표현했다. 그만큼 시스템의 영향력이 강력했다는 얘기다. 지금도 여전히 그 영향력은 계속해서 커지는 중이다. 스타니슬랍스키 이후, 우리가 알만한 대가들은 스타니슬랍스키에게 동조하든 반대하든, 그의 시스템을 빼고는 그들 연기술에 대해 대화 자체가 불가능하다. 모두가 스타니슬랍스키 시스템의 영향을 받았다. 차이는 수용 과정에서 각자의 개성이 개입되는 순간, 개성이 더 크게 작용하거나 아니면 시스템의 영향이 더 강력하거나이고, 혹은 시스템의 요소들 중에 어떤 부분에 더 집중하느냐가 그 차이를 만들 뿐이다.

드디어 1970년에 한국에도 일본으로부터 들여온 『배우 수업』을 오사량이 번역한 성문각의 『배우 수업』 책이 나왔다. "세계를 뒤흔들고 있다"는 표현은 바로 유치진이 오사량의 『배우 수업』을 천거하면서 쓴 말이다. 그런데 1970년에 『배우 수업』이 번역되었음에도 불구하고, 또 정작 번역서에 버젓하게 연기 예술의 바이블이라고 해놓고는, 지금 현재에 이르기까지 시스템의 기초인 『배우 수업』 자체는 제대로 탐구하지 않은 채로 엉뚱하게도 시스템에 대해서도, 스타니슬랍스키에 대해서도 실천적 수용이 아닌 이론적이거나 미학적인 권유에 불과한 '연구'나 '론'만 무성하다. 다른 숱한 연기술 책들과 같이 묻혀버린 상황이다.

시스템과 관련된 연구나 론을 읽어보면, 실제로 많은 사람들이 오해와 오류의 확대에 대한 책임을 스타니슬랍스키의 『배우 수업』이 일본어로부터 번역한 과정에서 비롯된 혼란이며 오해라고 오사량의 『배우 수업』에 돌리고 있지다. 그건 말도 안되는 얼빠진 소리다. 번역이 필요치 않은 러시아에서도 '시스템' 논쟁이 계속되고 있는 것은 어떻게 설명할 것인가? 이것은 서구에서 소냐 무어(Sonia Moore, 1902~1995)가 햅굿(Elizabeth Reynolds Hapgood, 1894~1974)의 번역을 탓하는 것과 똑같이 부당하다. 그리고 지금도 여전히 우리 연극인들은 특히 연구자들이 앞장서서 소위 메소드 연기를 비롯해서 시스템의 변형이고 왜곡인 연기술들을 마치 시스템 자체와 동일시하면서 오해와 오류를 확대시키고 있다. 적어도 1970년에 번역된 오사량의 『배우 수업』만 제대로 실천했어도 생기지 않았을 오해와 오류들이다. 실제로 한국에서 성공한 나이든 배우들 중 『배우 수업』을 읽지 않은 배우는 거의 없다. 문제는 진정한 탐구자가 없었다는 것이다. 유제니오 바르바의 다음과 같은 진단이 정확하게 우리의 상황을 말해준다.

이러한 오해들은 풍부한 것이 될 수 있다. 그러나 그러한 효과들의 이면에 있는 지식, 비밀스런 기술과 그것들을 생기 있게 하는 장인적인 이해는 계속해서 무시되고 있다.

—유제니오 바르바, 『바르바와 오딘 극장의 연극 여정』

정곡을 찌르는 진단 아닌가. 우리가 스타니슬랍스키의 연기술을 수용하는 태도는 더도 덜도 아닌, '장인적인 이해는 무시되는' 그만큼이었다. 스타니슬랍스키 시스템은 스타니슬랍스키가 장인 정신으로 그의 삶 전체를 통해 진화시킨 연기술이다. 그의 연기술을 획득하고 싶다면, 시스템 자체를 실천하면서 흡수해야 한다. '자신의 방법으로 요리할 줄 알고 먹을 줄' 알아야 하는 것이다. 먼저 정확하게 아는 것부터 실천하자.

리 스트라스버그 메소드 연기의 출발점은 1920년대에 미국에서 연기학교를 세운 리차드 볼레슬랍스키와 마리아 우스펜스카야다. 그 두 사람은 스타니슬랍스키가 정서 기억 방법에 집중하기 시작한 시기에 배웠던 초기의 제자들이다. 그 '정서 기억' 방법이 메소드 연기의 실제적인 출발점인 것이다. 그러나 『배우 수업』은 스타니슬랍스키가 '신체행동 방법'을 탐구하던 마지막 5년 사이에 스타니슬랍스키 본인이 정리해서 쓴 책이다. 1936년에 미국에서 먼저 출판되었다. 스타니슬랍스키는 2년 뒤에 죽었다. 1936년 이후 『배우 수업』을 접한 이후에도 시스템에 대해 잘못 알고 잘못 받아들였다면 그것은 잘못 받아들인 그들 모두의 게으름으로 인한 것이다. 『배우 수업』과 메소드 연기를 연결해 생각해서는 안 된다. 결코 연결되지도 않는다. 그야말로 '식민화된 또는 유혹당한' 것에 불과하지 않은가. 무엇보다 그들의 방법 역시 '그들 자신의 방법'으로 요리한 '타자들에 의한 결과'일 뿐이다.

스타니슬랍스키 연구자들이 놓친 사실이 있다. 『배우 수업』은 스타니슬랍스키 말년에 그가 발견하고 탐구하던 '신체 행동 방법'을 토대로 해서 신체와 경험을 핵심으로 시스템화한 것이다. 그래서 오히려 '신체행동 방법'의 실체를 확인하기 위해서라도 『배우 수업』을 더 깊이 실천적으로 탐구해야 할 것이다.

그런데 왜? 『배우 수업』이 한국에 번역된 것이 리 스트라스버그의 『연기 방법을 찾아서』 보다도 20년 먼저였고, 한국 배우들에게도 리 스트라스버그의 방법이 더 깊이 영향을 끼쳤는데, 시스템은 왜 잘못 사용되고 있는가? 물론 영화의 비약적인 부흥으로 리 스트라스버그에게 배운 영화배우들이 대거 알려지면서 그들에 대한 허상이 커진 이유도 있다. 그러나 그보다는 그 빈 공백의 20년은, 한국 배우의 공부 방법이 근원적으로 잘못 습관이 들었기 때문임을 증명한다.

우리에게는 기술책도 일 독 정도만 하고 마는 습관이 있다. 기술자들이 기술서적을 일 독 정도만 하는가? 『배우 수업』은 일 독만 해서는 안 되는 기술책이다. 스타니슬랍스키는 그것을 이미 알고 있었고, 예견하고도 있었다. 많은 제자들이 시스템을 왜 제대로 흡수하지 못하는지 그 이유를. 그리고 또 그 이후에도 못하리라는 것을.

> 시스템은 몇 년 동안, 평생 동안 끊임없이 체계적이고 실천적으로 연구되고 습관이 될 만큼 끊임없이 반복하여 그것에 대해서 생각하지 않아도 그것 자체가 저절로 밖으로 나오게 될 때까지 기다려야 하는 것이라는 점을 받아들이지 못했다. 시스템은 배우의 제2의 천성처럼 습관이 되어야 한다.
>
> —스타니슬랍스키, 『나의 예술 인생』

시스템이 한국에서 잘못 이해되고 있는 원인 역시 같다. 가장 중요한 원인은 자기 개성을 통과시키지 않는 '비자발적인 탐구'라서 그런 것이다. 인내심이 없어서 제2의 천성이 될 때까지 탐구하지 않는 데 있는 것이다. 중요한 얘기다. 연기술 탐구의 이유는 타고난 재능의 깊이와 풍부함 등의 차이를 전제로 하고, 각자의 연기 재능을 이끌어내는 방법을 찾기 위해서다. 타고난 성향을 연기 재능으로 변화시켜낼 수 있는 방법, 그 문제를 해결해줄 수 있어야 한다.

기본적으로 중요한 것은 어떤 배우에게 어떤 방법이 좋은지 가장 정확하게 판단해낼 수 있는 사람은 오로지 자기 자신이라는 것이다. 모든 연기술은 자기 개성을 통과해서 제2의 개성이 되어야만 비로소 자신을 변화시키고 진화시키는 기술이 된다. 그리고 그 판단은 오직 자발적인 실천과 경험에 의해서 나와야 한다. 그래서 자신을 아는 것이 중요하다. 시스템 역시 마찬가지다. 먼저 시스템 자체의 본질을 간파해야 한다. 시스템을 직접적으로 제대로 탐구하는 것이 먼저여야 한다. 자기 기술의 출발점으로 삼는 선택은 무조건적 수용이 아니라 자발적 실천과 경험 이후다. 실천과 경험을 통해 자기 정체성과 맞는지 확인한 뒤라야 한다. 일 독 정도로 선택해서는 안 되는 것이다.

　일반적으로 얘기되는 원인은 처음 스타니슬랍스키 방법을 미국식으로 수용한 아메리칸 메소드 연기의 출발점에서부터 걸음을 잘못 뗀 데 있다. 미국의 현상이 대단히 빠르게 한국으로 이식되는 경향이 있다. 시스템 파악에 대한 무능함 역시 그렇다. 메소드 연기의 출발점은 시스템의 '정서 기억'이다. 정서 기억이 스타니슬랍스키의 가장 강력한 방법이라고 알려지게 된 것은 오로지 리 스트라스버그의 책임이고, 그걸 그릇된 주관성 그대로 받아들인 책임은 그렇게 무조건적으로 받아들인 그들 모두에게 있다. 시스템 자체가 그렇지는 않다.

　리 스트라스버그가 유독 정서 기억에 집중하게 된 과정을 간단히 짚어보자. 시스템의 초기 미국화 과정을 선도한 이들은 아메리칸 메소드 3인방이라고 불리는 리 스트라스버그, 스텔라 아들러, 샌포드 마이즈너다. 그들 중 가장 강력한 영향력을 끼친 사람은 리 스트라스버그다. 그는 1924년 모스크바 예술극장이 순회공연을 끝내고 미국에 정착해서 아메리칸 라보라토리 씨어터(실험 극장)를 만든 스타니슬랍스키의 초기 제자였던 리챠드 볼레스랍스키와 마리아 오스펜스카야에게 본격적으로 연기 수업을 받았다. 스타니슬랍스키와 네미로비치-단첸코가 세운 모스크바 예술극장 소속 배우였던 그들은 아메리칸 라보라토리 씨어터에서 정서 기억을 중심으로 해서 연기를 가르쳤고, 리 스트라스버그는 그들에게서 깊은 영향을 받았다. 그리고 그들 두 사람은 스타니슬랍스키 1세대 배우들로서 적어도 1920년대 이전에 모스크바 예술극장의 배우였다. 스타니슬랍스키가 잘 정리된 『배우 수업』을 쓴 것이 1936년이다. 그들 사이에 15년 이상의 시간 간극이 있다.

메소드 연기에 대한 그러한 비판 이전에 우리가 정말 알아야할 중요한 사실은 리 스트라스버그 자신도 정서 기억의 기술을 자기 나름의 방식으로 미국 배우들에게 맞게 소화시키는데 시간이 25년이 넘게 걸렸다는 사실이다. 그런데 우리가 시스템을 받아들인 과정은 어떠했는가? 철저한 검증 과정이 없었다. 최근에서야 그것도 미국에서 메소드 연기에 대한 비판이 시스템에 대한 비판으로 옮겨지고 있는 상황을 그대로 검증 없이 덩

달아 시스템에 대해 비판을 위한 비판을 하고 있다. 그것도 소위 메소드 연기에 대한 탐구에 힘입어서 말이다.

흥미로운 것은 메소드 연기에 대한 비판이 미국 내에서 가장 활발하게 일고 있는데, 그 대표적인 사람이 공교롭게도 시스템의 미국적인 수용에 가장 적극적이며 제3세대라고 할 수 있는, 스스로 객관적인 신봉자라고 하는 마이클 블룸이다. 그는 이미 앞에서도 '시스템의 계승자' 중 한 사람으로 예를 들었다. 그는 그의 저서 『연출가처럼 생각하기』에서 '정서' 중심으로 받아들인 메소드 연기의 한계가 드러나자, 오히려 스타니슬랍스키를 깎아내리면서 시스템을 비판하는 사람들은 메소드 연기 방법을 통해 실패한 사람이거나 시스템을 제대로 파악하지 못하는 무능한 사람이라고 비판한다. 일리 있는 비판이고 또 그 스스로 객관적인 신봉자라고 하지만, 옳고 그름을 판단하기에 앞서 그 역시 미국적 토양에 맞게 다시 결합하는 과정에서 또 다른 변형을 만들고 있다는 사실도 간과해서는 안 된다.

현재 미국의 상황은 많은 연기 훈련들이 천차만별 받아들인 각자의 자기 경험이 더해진 연기술과 혼합된 상태다. 그러나 그것이 실제적으로 우리가 알고 있는 바의 Total acting을 의미하지는 않는다. 어쨌든 시스템의 변형 과정에서 미국의 연기 교육자나 배우들이 실패하고 있는 것만은 아니다. 각각의 경험을 담아서 새로운 연기술들로 실험하는 가운데 연기술을 축적해가고, 그 축적된 연기술로 많은 배우들이 능동적으로 연기를 익히고 좋은 배우들이 계속해서 배출되고 있다. 실제로 리 스트라스버그, 스텔라 아들러, 샌포드 마이즈너 아메리칸 메소드 3인방에게 배운 미국의 배우들 면면을 보면 놀라지 않을 수가 없다. 특히 그들 모두 시스템에서 출발했다는 사실을 생각하면 가히 시스템에 잠재된 그 힘을 생각하지 않을 수가 없다. 리 스트라스버그를 중심으로 오랫동안 미국의 배우들의 산실이 된 액터즈 스튜디오를 거친 배우들의 리스트만 봐도 놀라지 않을 수가 없다. 박성봉이 쓴 『14막 70장으로 읽는 세계 연기 예술의 역사』, 469~470쪽에 걸쳐 빽빽이 채워진 미국 내에서 잘 알려진 배우들 이름을 보면 가히 우리가 알만한 배우들은 다 있다. 부분적임에도 불구하고 이러한 스타니슬랍스키 연기술의 잠재적 가능성이 바로 21세기 배우들에게 다시 새롭게 탐구되어야 하는 이유다.

그런 점 때문에도 우리 문제는 심각하다. 우리의 경우 애초에 이해랑이 미국에서 배워온 메소드 연기를 시스템 전체로 받아들인 것이 문제였다고 해도, 문제의 책임을 그에게 모두 덮어씌우는 것은 앞에서 오해와 오류의 확대를 오사량의 『배우 수업』으로 돌리는 것이 부당하다고 했던 그와 같은 이유로 역시 부당하다. 그런 식으로 하면 책임을 면할 사람이 누가 있겠는가. 배우 개개인이 오사량 번역의 『배우 수업』으로만 스타니슬랍스키의 시스템을 접한 상태에서 전체적으로 실천을 통한 소화·

흡수의 과정을 겪기도 전에, 미국 유학을 하고 돌아온 이론가들이 브로드웨이와 할리우드 배우들에게 이미 상당한 영향력을 발휘하고 있는 리 스트라스버그의 메소드 연기 방법을 보태면서 확대된 것을 간과하면 안 된다.

책임 소재를 따진다면 여전히 그들에 의한 오해와 오류가 해결되지 않고 있으므로, 그들에게 가장 크게 책임이 있다. 그러나 사실 우리는 그것도 알리바이로 내세울 수 없다. 진실을 직시한다면, 시스템과 스타니슬랍스키에 대한 이론적이고 피상적인 막연한 수용에 더해서 미국식의 해결이었던 '만일에'와 '정서 기억' 중심으로 비빔밥이 된 메소드 연기를 개별적 실천으로 검증하지 않고 시스템인양 받아들인 모두에게 책임이 있다. 자업자득이다. 1970년 이후 『배우 수업』을 접한 이후에도 시스템에 대해 잘못 알고 잘못 받아들였다면, 그것은 우리 모두의 게으름으로 인한 것이다.

더 나쁜것은 근본적인 원인은 번역에 있는 것이 아닌데도 그 오해를 바로잡기 위한 노력이 그저 원전을 '다시 번역하는 것'에 그치고 있다는 사실이다. 서로 더 충실한 번역이라고 하지만 근본적인 문제 해결이 되지는 못한다. 우리 현실은 그들의 연기술을 번역한 책들로 넘쳐나기만 하고, 우리 배우들은 애초에 그 연기술들을 자신의 경험과 실천으로 검증하지 않는다. 그들처럼 고유의 개성을 동반하는 '자기 경험'을 더하지 않는 것이다. 자기만의 연기술로 좋은 연기를 보여주는 배우도, 배우들을 키워내는 좋은 연기 교육자도 배출되고 있지 못하는 상태인 것이다. 현실 인정은 현실을 바꾸는 첫걸음이다. 현실을 정확하게 받아들이지 않는다면 우리는 단 한 걸음도 앞을 향해서 내딛지 못한다. 미래를 바꾸는 것은 언제나 현실의 선택이다.

연기술을 번역하는 것은 그 나라 언어 능력만 탁월하면 되겠지만 연기술을 '자기 경험'으로 검증하는 것은 수십 년이 걸리는 일이라서 그럴 것이다. 그러나 배우를 키워내지 못하는 연기술은 의미가 없다는 사실을 잊으면 안 된다. 번역된 연기술 책이 아무리 훌륭하고, 또 수십 권을 섭렵했다고 해도, 직접 몸으로 겪어서 내 것으로 만들어내지 못하면, 배우에게는 아무 의미가 없는 연기술이다. 문제 해결의 핵심은 문제 자체에 있다. 최선의 해결 방법은 본래의 시스템 자체로 돌아가서, 지금 우리의 문제와 연결해서 철저하게 검증하는 것이다.

7

스타니슬랍스키 시스템은 대가의 인생 전체를 통한 긴 발견이었기 때문에 시간의 추이에 따른 전 세계적인 확장 과정에서 오류와 오해의 발생은 피할 수가 없었다. 그에게는 시기마다 다른 제자들이 있었다. 직접적인 도제식 교육을 받았다고 해도 한 시기에 그칠 수밖에 없었다. 그러니 당연한 일이었을지도 모른다. 그리고 시기마다 다른 제자들이 있었다는 그 점이 또한 긍정적인 방향으로 완전히 다른 작용을 일으켰다는 사실도 간과해서는 안 된다. 흥미롭게도 메이어홀드, 박탄코프, 미하일 체호프, 그로토프스키 등등 시기마다 달랐던 그 제자들이 새로운 길을 여러 갈래로 열어놓았다는 사실이다.

우리는 우리에게 직면한 문제를 제대로 인정해야 한다. 우리에게는 긍정적인 수용 과정이 없었다. 대단히 늦게 러시아에서 연기 교육을 받고 돌아온 많은 배우들은 이미 오류 속에서 표류하는 상태의 불완전한 미완성의 교육을 받고 돌아왔다고 해도 틀린 말이 아닐 것이다. 러시아의 연기 교육 제도 역시 도제식의 흔적이 남아있어서 일부 마스터에게서는 도제식의 교육이 이루어지고 있지만, 역시 학교라는 경직된 학습 시스템으로 받는 교육은 한계가 있다. 더군다나 외국인의 경우는 완전히 그렇다. 도제식으로 배울 때의 경우처럼 '올바른 이해를 위한 토대가 완벽하게 마련'되지 못한다. 자신이 스스로 그 길을 열어야만 한다. 그런 이유로 우리는 할 수 있는 한, 최대한 총체적으로 전체를 파악하는 시선을 가져야 한다.

스타니슬랍스키 시스템에 대한 심한 오해들이 우리 배우들 사이에도 일반화된 그 표면적인 이유는, 이미 수십 년 전부터 진행되었던 시스템의 간접적인 수용, 그러니까 이미 미국 토양에 맞게 그것도 시스템을 부분적으로 수용한 아메리칸 메소드의 강력한 영향 때문이다. 아메리칸 메소드는 영화의 발전에 부응해서 영화에 부합되는 측면으로만 수용, 발전시킨 과정에서 생긴 문제들이 내재된 채, 미국 영화가 전 세계적으로 영향을 끼치면서 빠른 속도로 전파되었고 연기술에 대한 어떤 토대도 없던 한국의 배우들은 그 영향력에 휩쓸릴 수밖에 없었던 것이다. 영화의 성장은 상대적으로 연극이 위기에 처하는 결과를 가져왔다. 그건 세계적인 현상이다. 누구는 사람이 숨 쉬는 것을 알아채지 못하는 것처럼 그렇게 알아채지 못할 정도로 지배적이라고까지 말한다. 그 문제는 고스란히 우리 연극, 우리 배우들의 문제가 되었다.

그러나 그런 모든 조건들을 다 일일이 알리바이로 내세우는 것은 우리에게 조금도 득이 되지 않는다. 잘못은 전적으로 우리에게 있다. 우리 연극인들 스스로 그들만큼 우리의 토양에 맞게 탐구하지 못한 잘못이다. 인정하자. 그래서 이 책을 쓰면서 아메리칸 메소드의 중심이라고 생각되는 리 스트라스버그의 저서인 『연기의 방법을 찾아서』와 시스템의 객관적 신봉자라고 자처하는 마이클 블룸의 저서 『연출가처럼 생각하기』, 배우의 관점에서 시스템을 수용했던 우타 하겐의 『산 연기』에서 드러나는 사실들을 중심으로 다시 꼼꼼하게 점검했다. 아메리칸 메소드에서 비롯된 우리의 오류가 무엇인지도 발견해야 하기 때문이다. 이 책을 읽는 배우들 역시 그렇게 『배우 수업』을 아메리칸 메소드와 병행해서 탐구하기를 권한다. 아니, 거꾸로 아메리칸 메소드 역시 스타니슬랍스키의 시스템을 토대로 탐구해야만 제대로 된 실천이 이루어질 수 있다.

리 스트라스버그가 그렇게 실험과 검증을 거쳐 미국의 토양에 맞게 '연극의 위기'를 극복하기 위해 새로운 돌파구를 열어야 했던 것처럼 우리 역시 마찬가지다. 같은 위기에 처했으니 잘못된 흐름을 되돌려 우리 방식으로 돌파구를 열어야 한다. 그래서 연기술 전체의 흐름을 점검하는 작업이 필요한 것이다.

사실 미국에서 스타니슬랍스키의 대표적인 계승자라고 인정하고 있는 스텔라 아들러나 리 스트라스버그의 경우, 모스크바 예술극장의 배우였던 볼레슬랍스키로부터 시스템을 습득했다. 그 후 각자 미국의 배우들에게 적합한 메소드로 자기화(미국화)하면서 수용, 발전시킨 것이다.

리 스트라스버그의 경우만 예로 들면, 걸린 시간이 대략 27~28년이고 체계적으로 기록하는데 걸린 시간이 13~14년이다. 시간 산정은 그의 저서 『연기의 방법을 찾아서』 머리말에 기록된 것에서 계산한 것이다. 그가 처음으로 '아메리칸 라보라토리 씨어터'에 들어간 것이 1923년이고, 그로부터 액터즈 스튜디오의 예술 감독이 되었을 때가 1951년이며, 그러한 경험을 바탕으로 그가 『연기의 방법을 찾아서』를 쓰기 시작한 것은 1974년 여름이며, 그 책이 나온 것이 그가 죽고 난 1982년 이후였다는 기록이다.

발효의 시간은 꼭 필요하다. 리 스트라스버그의 편협한 수용에 대한 논쟁 이전에 그의 탐구 과정과 시간은 전적으로 옳다. 우리도 역시 그렇게 했어야 했다. 설사 부분적이라고 해도 어떤 노력으로 리 스트라스버그가 시스템을 수용하고 또 얼마나 오랜 시간에 걸쳐 발전시켜냈는지, 또 그 과정에서 말론 브란도·알 파치노·폴 뉴먼·더스틴 호프만·로버트 드니로·마릴린 몬로·조앤 우드워드와 같은 탁월한 배우들이 어떻게 나올 수 있었는지, 그리고 그들이 어떻게 리 스트라스버그의 방법을 보완하고 극복하는 또 다른 방법을 선택했는지 알아야 한다. 예를 들어서, 로버트 드니로나 마릴린 먼로의 경우 미하일 체호프에게서 리 스트라스버그의 '정서 기억' 방법이 갖는 한계를 극복하는 길을 찾았다. 그들의 성공 이유는 바로 그런 소화, 흡수 과정을 거친 결과다.

하지만 우리에게는 반드시 필요했던 그 과정이 없었다. 우리는 그걸 무조건 이식한 결과가 현재 이 상태다. 우리는 그들이 아니다. 토양이 다르다. 우리가 연극의 장에서 만나야 하는 배우들 역시 그들이 만났던 배우들과는 다른 토양에서 나고 자란 한국 사람들이고, 우리가 연극을 해야 하는 곳도 바로 여기 이곳, 한국이다. 그런 의미에서 나는 리 스트라스버그와는 또 다른 스타니슬랍스키의 계승자인 그로토프스키의 생각에 전적으로 찬성한다.

> 스타니슬랍스키는 본질을 밝히는 여러 가지 방법론적 문제를 던지고 있다. 그러나 우리들의 해결은 그와는 아주 다르며 때로는 정반대의 결론에 도달하기도 하는 것이다.
>
> —예지 그로토프스키, 『가난한 연극』

그로토프스키가 그랬듯이 스타니슬랍스키가 '본질을 밝히

는 여러 가지 방법론적 문제'에 대한 해결은 우리가 져야 할 임무였고 책임이었다. 우리 스스로 무책임했음을 인정해야 한다.

유제니오 바르바는 그로토프스키 작업을 '자연과 연결된 인간 본성의 죽음, 자연으로 복귀하려는 제식으로 시작해서 지금까지 끈끈히 이어온 연극의 죽음에 대한 위기를 직감한 부활' 작업이라고 생각했다. 우리가 처한 상황도 그로토프스키가 작업했던 그 때보다 더하면 더했지 덜하지 않기 때문이다. 그로토프스키가 비유적으로 자신의 메소드를 성서로 표현했는데, 그렇다면 스타니슬랍스키의 시스템은 구약이다. 구약과 신약이 있어야 바이블이 완성되듯이 연극의 완성을 위해서 우리도 두 대가를 함께 받아들여 연기술을 새롭게 총체적으로 탐구해야 한다. 그것이 스타니슬랍스키가 미하일 체호프에게 주었던 임무고 책임이었으며, 미하일 체호프가 우리에게 넘겨준 바대로 '겸허하게, 그러나 용기 있게' 도전해야 할 우리의 임무고 책임이기도 하다.

리 스트라스버그는 그 자신이 강조한 바, 메소드의 연속과 강화의 기반으로 박탄코프의 강력한 영향을 들었다. 그의 수용 과정이 어떻든 그 역시 그 자신은 최대한의 노력을 했다. 균형과 보완은 시스템이 유기적으로 진화하기 위해 필수적이다. 시스템은 누구에게나 각자의 욕구대로 그렇게 새롭게 개성 넘치게 배우 자신의 탐구 과정을 거쳐서 실현되어 왔고, 계속해서 그렇게 진화되어 갈 것이다. 그리고 탐구 과정 전체가 단지 기술 습득을 위한 것이기보다는 '발견'을 위한 것이라야 한다. 습득 과정 전체가 자기 발견의 과정이 되어야 한다. 연기자의 연기술 탐구에 있어서, 특히 견(見)의 의미는 다양한 측면에서 대단히 중요하다. 배우 스스로 직관으로 꿰뚫어보는 견자(見者)가 되지 않으면 안 된다.

스타니슬랍스키가 "철학이 시작되는 곳에서 시스템이 끝난다"라고 했을 때, 나는 그 말을 역설적으로 받아들인다. 시스템을 끝내야 자기 철학이 시작된다는 것에 다름 아니다. 시스템 전체를 끝내야 거기서 문제를 발견할 수 있고, 그 문제들을 해결하는 과정에서 자기만의 연기 미학을 정립시킬 수가 있다. 『배우 수업』은 시스템 전반을 받쳐주는 기초다. 그렇기 때문에 일단은 기초를 제대로 섭렵하고 완전히 습득해야 한다.

8

여기서 다시 이 책의 목표에서 던진 질문을 배우 각자 스스로에게 해봐야겠다.

'왜 다시 스타니슬랍스키인가?'

그 문제에 대해 나 자신은 충분한 답을 내렸지만, 배우인 당신에게도 유효한가? 반드시 그 점을 확인해야 한다. 그런 의미에서 그로토프스키의 충고는 매우 유용할 것이다.

'스타니슬랍스키가 오늘날에도 중요한 인물일까?'를 자문하면 안 된다. 만약 그가 당신에게 중요한 사람이라면, 왜 그런지 자문해보라.

—그로토프스키,『그로토프스키 연극론』

스타니슬랍스키 제자들이 각각 차이를 보이는 것처럼, 하나의 대상을 보는 시선은 모든 사람이 다 제각각이다. 연기술을 배우는 속도도 천차만별이고 받아들이는 과정도 방식도 모두 천차만별이다. 스타니슬랍스키가 연주 능력으로 꼽은 '지성', '의지', '감정' 내적 원동력에 있어서도 같은 사람은 단 한 사람도 없다. 그러므로 자신의 정체(identity)와 함께 판단을 내릴 수 있어야 한다. '단순하게 미학상의 문제 제기인가?' 아니면 '지금, 스스로에게 필요한 기술이 될 수 있는가?'를 구분하라.

스타니슬랍스키 연기 메소드가 유럽과 미국을 위시하여 전 세계적으로 가장 강력한 영향을 끼친 메소드이고, 또 여전히 진화하고 있는 이유가 있을 것이다. 우리 또한 모든 측면에서 세계화되어 있는 상황인 이 지점에서 시스템은 반드시 되돌려 넘어야 할 과정이다. 이것을 제대로 넘지 않으면 그 이후 21세기까지 새로운 진화를 거듭한 여타의 차이 나는 연기 메소드들을 융합할 수가 없다. 스타니슬랍스키를 다시 새롭게 발견해야 하는 이유가 바로 거기에 있다. 그러자면 시스템을 모호하고 분리된 파편으로가 아니라 완전하게 겪어야 한다. 물론 분리된 파편들은 우리 이전에 시스템을 받아들인 과정, 그의 진정한 계승자들뿐만 아니라 유럽의 수용 과정, 그리고 아메리칸 메소드 3인방의 수용 과정과 그 다음 세대라고 할 수 있는 비교적 객관적인 신봉자들 모두를 포함한다. 이 책이 그 기반이 될 수 있을 것이다.

이 책에 망라된 내용은, 거의 러시아 연기학교 처음 1년 과정에서 겪어야하는 배우 수업 전 과정을 압축한 『배우 수업』을 다시 10년 가까이 배우들과의 검증을 통해서 풀어낸 것이다. 무려 1년, 혹은 그 이상의 시간을 투자해서 반드시 '실기'로 익히고 깨달아야 할 연기 훈련 과정을 그냥 책 읽듯이 한 번 읽어 보는 정도로 그친다면, 당연히 습득은커녕 이해하기도 어렵다. 애초에 잘못은 그렇게 긴 과정을 단 한 권으로 압축해서 써낸 대가의 위대한 실수(?)에 있으니, 굳이 탓을 하자면 스타니슬랍스키에게 해야 한다. 유머다. 내 나름의 역설을 담은….

『배우 수업』은 이론서가 아니다. 결코 책장에 고이 모셔놓고만 있으면 안 되는 책이다. 그야말로 배우 수업을 위해 꼼꼼히 따라가며 배우로서의 자기 자신에 대한 준비 작업으로, 먼저 과정을 깊이 이해하고 준비된 상태를 만들기 위한 탐구와 적용으로 실천해야 하는 책이다. 하지만 대체로 많은 배우들이 과정 자체에 대한 깊은 이해는커녕 『배우 수업』을 책으로 한 번 읽고 무조건적으로 비판적이거나, 혹은 책으로 한 번 읽는 것으로 그친 다음 그 진짜 내용도 파악하지 않고 좋은 말 멋진 말 몇 개 정도만 기억했다가 자기를 내보이는 데 쓴다.

더 나쁜 것은, 단순히 이론으로 일방적인 이식을 하려는 통에 생겨나는 삐걱거림이다. 러시아뿐 아니라 외국에서 시스템을 접하고 돌아온 많은 사람들이 저지르는 실수인데, 수업을 들었다고는 해도 실험과 충돌이 필요한 것임에도 그러한 검증 과

정 없이 너무 성급하게 무조건적인 주장으로 이 오해를 더 가중
시키고 있는 것이다. 개개인마다 받아들임이 다른데, 하물며 나
라에서 나라로 옮기는 일에야 그 충돌의 강도가 만만치 않을 것
임은 너무나 당연하다. 그 적응 과정에서 고치고 바꾸어야 할 점
들이 얼마나 많겠는가? 여기, 지금, 이곳 배우들과 충돌해서 남
는 것, 우리 배우들과도 통하는 본질적인 것이 아니라면 아무리
좋은 것이라도 '남의 옷'이다. 스타니슬랍스키가 "취할 것만 취
하라." 그렇게 강조하듯이, 우리는 시스템을 완전히 파악하고
우리에게 필요한 것을 취해 '우리 배우들과 통하는' 우리의 방
법으로 융합하고 진화시켜가야 한다.

　특히 러시아에서 교육받고 돌아온 많은 사람들에 의해서,
단지 '에튜드' 형식만이 −'에튜드'라는 짧은 연습극 형식을 통
해서 시스템이 체계적으로 전수되는 러시아 연극 교육과 달
리 − 판에 박힌 방법으로 교육되는 경우도 많아졌다. 나 자신
1993년부터 1998년까지 그리고 다시 2003년에서 2005년까
지, 두 차례에 걸쳐 GITIS 연출과에서 소위 '시스템'으로 불리
는 스타니슬랍스키의 방법을 토대로 연기·연출 교육을 받았다.
1학년 과정만 세 번을 거쳤다. 돌아와서 1년간 연기 훈련과 병
행해서 '에튜드'를 통한 '연기 수업'을 한 바 있었고, 1년간(1999)
그 배우들과 함께 작업한 '에튜드' 중에서 대단히 창의적인 극
들만 모아서 「창작 단편 13」이라는 제목으로 공연을 했고, 홍

행 부분에서 성공을 거두기도 했었다. 나름대로 결과는 나쁘지는 않았지만, 그것으로 끝났다. 그러므로 에튜드에 대해서도 반드시 한 번은 짚고 넘어가야 할 문제라고 생각된다.

나는 '에튜드'라는 형식을 통해서 장기간 동안에 『배우 수업』에 나오는 시스템 전반을 이해하도록 하는 러시아식 연기 교육 체계가 한국에서는 통합된 연기 수업으로 이루어질 수가 없겠다는 생각이 들었고, 자칫 형식만 남고 내용은 빠져버리는 수업이 되겠다고 판단했다. 그 이유로 그 때 이후 지금까지 20년 동안 '에튜드' 자체만을 교육하는 것은 접었다. 다만 연극 작업이나 혹은 연기술 수업에 꼭 필요하다고 생각될 경우 상황에 맞게 활용하고 있다.

사실 이 책 또한 글로 쓴 실기를 다시 글로 설명하는 꼴이니 시작부터 실천적인 부분에 있어 많은 논쟁의 씨앗을 안고 들어간다. 난 이 씨앗이 정말 제대로 논쟁을 불러일으키길 바란다.

그러나 논쟁을 불러일으키려면 이 책을 통해 내 모든 주장을 다 확인한 뒤라야 된다. 막 연기를 시작하는 단계에서 한 번 읽고선 다 안 것처럼 착각하고 책장에 고이 모셔놓고 만다면 논쟁의 시작도 어려울 것이다. 제발 논쟁의 촉발이라도 일으킨다면 바랄게 없겠다. 스타니슬랍스키를 책장에서 다시 현장으로, 실제적인 '연기술'로 되돌릴 수 있는 길이 될 테니까 말이다.

이 책을 집어 들었다면, 읽고 나서 반드시 『배우 수업』을 새

로 세세하게 점검하면서 인내심을 발휘하여 실제로 실천해야
한다. 그러려면 스타니슬랍스키가 『배우 수업』을 쓰기까지의
과정을 알아두는 것이 도움이 될 것이다. 그가 14세에 자기 아
버지가 만든 극장에서 아마추어로 연기와 연출을 시작해서 자
기 자신과 배우들을 30년 가까이 관찰하고 경험하면서 발견했
던 문제들을 정리하기로 마음 먹은 것이 그의 나이 43세일 때
고, 다시 30년에 걸쳐서 시스템의 틀을 유기적으로 구축했다.
그리고 배우가 가장 기본적으로 갖추어야 할 기초와 배우의 태
도를 1년의 과정으로 압축하여 놓았다. 그 세월이 73년의 생애
중에 무려 60년이다.

　지금 내가 하려는 작업이 그 압축 파일을 우리에게 필요한
연기술로 풀어내는 것이다. 나 자신 서른한 살에 GITIS 1학년
이었고 지금 쉰다섯 살이니 스타니슬랍스키가 1년의 과정으로
압축하는데 30년이 걸린 그 압축 파일을 풀어내는데 대략 25
년이 걸린 셈이다. 쓰는 데만 걸린 시간이 꼬박 10년이다. 하지
만 스타니슬랍스키가 노력한 60년과 나의 25년을 생각해보면,
나의 25년과 10년은 아무것도 아니다. 연극을 목적으로 보냈던
그의 60년을 생각하면, 생존을 목적으로 연극을 탐구하는데 보
냈던 나의 25년은 절반 밖에 안 되는 짧은 시간이다. 대가가 갖
고 있었던 태도는 상상할 수 없을 정도로 어마무지한 인내심과
의지이다. 존경을 보내지 않을 수가 없다.

내가 교본으로 선택한 책은, 도서출판 예니에서 출간한 『배우 수업』(신겸수 역)이다. 영어판 번역본을 다시 번역한 것인데 내용이 쉽게 전달되도록 번역되었다. 원전을 직접 번역하면서 푸는 것이 정상이겠지만, 이미 러시아 원전을 번역한 책도 있다. 그러나 그 책이 오히려 읽기가 어렵다. 내 일천한 노어 실력으로는 이처럼 쉽고 부드럽게 번역할 자신이 없다. 그럴 바에야 번역자에게 양해를 구해 쉽고 또 가장 많이 선택되는 책을 택하는 것이 맞는 것 같다. 또 노어 텍스트를 직접 번역한 책을 보면서도 확인한 바, 용어상의 문제가 대두된다. 용어 문제에 있어서 친절하게 옆에다 꼼꼼한 설명까지 덧붙여 주었으니 의미 확인을 위해서도 차라리 편할 것이란 생각과 우리 배우들에게 노어보다는 영어가 쉽게 다가올 것이라는 판단으로 선택했다.

이상하게 러시아판 번역본을 비롯해서 다른 번역본들이 결코 어렵게 쓴 건 아닌데, 내용들이 쉽게 이해가 되지 않는다. 애초에 오사량의 일본판 번역부터 쉬운 내용이 너무 어렵게 번역되어 있었던 점도 스타니슬랍스키 시스템에 대한 오해를 만드는데 조금은 일조를 했다. 그러나 근본적으로는 번역의 문제가 아니다. 어차피 실천을 위한 고쳐 읽기인데, 내용 자체를 정확히 이해하는 것이 더 중요한 문제라고 생각한다. 그리고 용어 사용 문제에 대해서는 앞에서 노자와 그로토프스키의 말을 빌려 분명하게 얘기했다. 상관이 없다는 태도가 아니라, 지금도 정리되지 않은 사항이므로 얽매이지 말자는 생각이다.

　내가 본래 『시학&배우에 관한 역설』을 낼 때의 순서대로
라면 그로토프스키를 탐구한 책이 먼저 나올 예정이었다. 사실
그 이유는 단순했다. 현재 연극의 흐름이 '신체'를 매우 중요하
게 다루고 있다는 생각 때문이었고, 여섯 권 모두 초고가 준비된
상태라서 임의대로 정한 것인데, 발효 상태에 따라서 생각이 자
꾸 바뀌는 바람에 순서가 좀 달라진 것이다. 여러 학교를 강사로
전전하면서 강의를 하고 난 후부터 나도 모르게 처음 연극을 시
작하는 학생의 관점으로 생각하게 되었다. 그런 과정에서 『배
우 수업』을 제대로 먼저 만나게 해야겠다는 생각이 자꾸 드는
통에 10년이라는 시간이 걸릴 줄 꿈에도 모르고 『배우 수업』을
붙들고 늘어지게 되었지만, 결과적으로는 잘한 것 같다. 그리고
지난 3년 동안 다시 쓰면서 그로토프스키를 제대로 알기 위해
서도 『배우 수업』을 먼저 탐구해야 한다는 것을 깨달았다.

　사실 러시아 GITIS 연출과에서 연기를 배운 내 전력을 생각
한다면, 어쩌면 이 책이 가장 먼저 나왔어야 했을지도 모르겠다.
그러나 바로 그런 이유 때문에 배웠으니 더 철저하게 실천에 옮
기는 노력을 통해 검증을 해야 했기 때문에 나는 이 책을 최대
한 늦게 내려고 했던 것 같다. 각설하고 어떤 유혹으로 이 책, 혹
은 스타니슬랍스키의 『배우 수업』 책을 집어 들었던 간에 꼭 마
음에 담기를 바라는 것이 있다.

그 하나가, 스타니슬랍스키가 연극을 하던 그때와 우리가 살고 있는 현재 사이에 놓인 거의 한 세기에 가까운 시간, 그 간극을 생각하면서 냉철하게 오직 '지금' 배우로 시작하는 당신에게 반드시 필요한 것만 취하라는 것이다. 이는 스타니슬랍스키의 요구사항이다. 사실 지난 1세기 동안에 전 세계에서 그렇게 시스템을 받아들이고 진화하고 있다. 문제는 그 사람만의 개성과 질이다.

다른 하나는, 스타니슬랍스키의 시스템을 자기 개성을 통과시켜 자기의 길을 열었던 메이어홀드, 박탄 코프, 그로토프스키, 미하일 체호프와 같은 몇몇 뛰어난 제자들과 소위 시스템의 3세대라고 할 수 있는 객관적인 신봉자들이 그랬던 것처럼 연기에 대한 스타니슬랍스키의 가치관, 즉 선생이 배우의 연기에 대해 진정으로 추구하는 본질을 파악하라는 것이다.

스타니슬랍스키 시스템은 정확하게 '심리 기술'이다. 더 정확하게는 '의식적인 심리 기술'로서 '신체행동법'이다. 『배우 수업』에 계속해서 반복 강조하고 있다. 확인해보니 분명히 스타니슬랍스키 시스템은 '의식적인 심리 기술'이다. 더 구체적으로는 '실재론'을 위한 의식적인 심리 기술이다. 더 정확하게는 '실재론'과 '유명론'을 통합하는 의식적인 심리 기술이라고 해야 한다. 관념론으로 심리 기술을 끌어들이면 결코 안 된다. 관념론으로 끌어들이는 순간, 이미 확인된 수많은 오해와 오류들이 난

무하게 되는 극단의 절벽으로 떨어져 버린다.

심리 기술의 관점으로 시스템을 진화시키고 있는 21세기 연출가는 앞에서 제3, 제4세대 계승자들에 대해 예로 들어준 케이티 미첼이다. 심리 기술과 연결되므로 한 번 더 그녀가 시스템을 수용하는 과정을 요약할 필요가 있겠다. 케이티 미첼은 러시아의 연출가 레프 도진(Lev Abramovich Dodin)으로부터 스타니슬랍스키를 '과학적으로 해석하는 방식'을 배웠다. 스타니슬랍스키를 숭배하고 시스템 중 특히 '정서'에 집중하지만 리 스트라스버그와 다르게 정석대로 접근한다.

케이티 미첼은 스타니슬랍스키가 그 시대 감정을 집중적으로 연구했던 19세기 심리학자 리보(Theodule Ribot, 1839~1896)의 '감정의 기억'에 대한 논리로부터 '정서 기억' 기술의 실마리를 찾은 것을 간과하지 않았다. 오히려 케이티 미첼은 19세기 심리학자인 윌리엄 제임스의 발견을 통해 재확인을 하고 스타니슬랍스키의 정서 기억 기술을 폐기하지 않아도 된다는 사실을 깨닫는다.

그리고 한 발 더 나아가 폴란드계 신경과학자 안토니오 디마지오(Antonio Demasio)로부터 과학적인 증거까지 확인한다. 그 연장선에서 발견한 신경과학의 관점인 "감성이란 남의 눈에 띄는 신체 변화"라고 한 안토니오 다마지오의 발견을 통해 스타니슬랍스키의 연기 방법이 여전히 건재하다는 사실을 깨달았다.

    한국에는 안토니오 다마지오의 『데카르트의 오류』가 번역
되어 있다. 미첼은 스타니슬랍스키의 가르침과 심리학과 생물
학을 접목시킨 '정서 생물학' 연구를 병행한다. 그녀는 시스템
이 심리 기술이라는 사실에 기초해서 배우의 몸의 수행성을 극
대화하고 더해서 시간과 공간을 투사하여 몸의 현존성을 강조
하는 '극 사실주의'적 기법을 결합하는 방향으로 자신의 연기술
로 진화시켜가고 있다.

    서구의 이원론을 극복하는 토대는 고대 그리스인들과 동양
의 정신 '몸과 정신의 통합'이다. 그런데 연기술에 있어서 그 토
대가 이미 스타니슬랍스키에 의해서 마련이 된 것이며, '몸의
수행성'을 극대화하는 지금 21세기에 실천으로 이어지는 또 다
른 한 방향의 공연 양식과도 통한다는 사실에 놀랍지 않은가.

    나는 이런 모든 생각들을 밑자락에 깔고 기본적으로 실재론
과 유명론을 통합하는 관점으로, 그 통합의 과정을 통해서 시스
템이 21세기에도 여전히 필요하며 유용한 연기술이라는 사실
을 입증할 것이다. 이 책에서 스타니슬랍스키가 추구했던 바를
찾아내 우리의 오래된 진리, 연암 선생의 가르침 '법고창신(法鼓
昌新)'의 정신으로 이미 낡은 것으로 치부되고 있는 스타니슬랍
스키 시스템을 그 자신이 그렇게 평생 동안 연극의 근본 문제인
연기 방법에 대해서 탐구했던 것처럼, 낱낱이 해부해서 풀고, 닦
고, 기름 쳐서 다시 지금, 여기 우리에게 필요한 새로운 메소드

로 재결합하여 '제15장 초목표'의 맨 끝에 나오는 그 말 그대로
시스템을 스타니슬랍스키가 본래 목적한 바대로의 '바른 길 위'
에 올려놓으려고 한다.

> 역할을 바른 길 위에 올려놓아라. 그러면 그것은 앞으로 나아
> 갈 것이다. 그러면 갈수록 폭도 넓어지고 깊이도 깊어져서 마
> 침내는 영감에 다다를 수 있게 될 것이다.
>
> —스타니슬랍스키, '제15장 초목표', 『배우 수업』

　　지난 10년, 아니 지난 25년의 공부를 포함한 내 탐구와 실
천을 통해 확인받는 사실은, 통합의 과정을 통해서만이 스타니
슬랍스키의 심리 기술의 정수라고 할 수 있는 『배우 수업』의
그 모든 제 가치를 돌려받을 수 있다는 사실이다. 내가 『배우 수
업』의 그 모든 제 가치를 21세기 배우들에게 되돌려주고자 10
년의 수고로움을 마다하지 않은 궁극적인 이유는 자기 자신으
로서 '잘 산다는 것'의 의미를 되짚어주는 것이었다. 배우라는
역할로 한 번뿐인 삶을 제대로 살아낸다는 것의 의미를 깊이 생
각해보라.

함께 탐구해야 할 책

아래 다섯 권의 책은 반드시 『배우 수업』과 함께 공부해야 한다. 이 책들은 스타니슬랍스키의 『배우 수업』 시스템과 결합했을 때, 최적의 적용이 될 수 있는 연기술 책이라고 생각해서 선택했기 때문이다. 『배우 수업』 전체에 걸쳐서 새로운 진화를 여는 기술로 결합될 수 있다. 시스템을 각자 자기 자신의 특성과 조화시키면서 흡수하는데 있어서 꼭 필요하다. 특히 시간과 공간을 관통해서 21세기 배우들에게 필요한 연기술로서 통합하는 데 있어 『시학』, 『배우에 관한 역설』과 『배우 수업』의 관계는 'DNA와 염기의 관계'와 흡사하다.

그리고 두 제자, 그로토프스키와 미하일 체호프는 스타니슬랍스키를 잇는 가장 탁월하고 뛰어난 제자들이다. 그러면서도 스타니슬랍스키를 넘어 진화했고, 개성적이면서 탁월하고 뛰어난 독자성을 유지한다. 현재도 배우들에게 지속적으로 중요한 영향을 끼치면서 현재 진행형으로 진화 중이다. 나도 그 두 사람을 깊이 파내려가지 않았다면 『배우 수업』 시스템을 이만큼까지 이해하지 못했을 것이다.

연기술의 meme 유전자 진화 역시 생명체의 진화 과정이 그러했듯 어마무지하게 느린 것 같지만, 전체 진화의 속도를 볼 때 디드로 이후 지난 20세기까지 연기술의 meme 유전자는 매우 폭발적으로 점핑해온 것을 알 수 있다. 그 점핑의 결정체가 바로 미메시스(모방) 유전자이다. 이 새로운 유전자는 놀라운 적응력과 생존력을 드러내면서 전 세계로 점핑하고 확장하며 유전자 풀(Pool)이 되고 있다.

　데클란 도넬란을 함께 탐구하지 않을 수가 없었던 이유는 현재성 때문에 특별하게 모방 유전자인 meme의 점핑을 제대로 보여주는 『배우 수업』 연기 메소드가 21세기의 필요한 연기 방법으로 새롭게 진화할 수 있는 길을 보여주기 때문이다. 그는 디드로의 관점으로 완전히 '역으로의 도정'을 통해서 또 다른 극점이라고 할 수 있는 『배우 수업』 시스템을 융합해냈다. 그 또한 『배우 수업 오디세이 ─ 본 』 전체에 걸쳐서 확인하게 될 것이다.

　• 『시학』_아리스토텔레스
　『시학』은 인간의 본성과 그 본성을 토대로 하는 연극의 기원에 대한 고대 그리스인들의 생각이다. 아리스토텔레스의 『시학』은 여전히 연극과 연기 예술의 근원이다. 명백하게도 아리스토텔레스의 『시학』에서 밝혀놓은 원리들은 통합적이고 근원적인 연극의 힘이다. 비극의 텍스트인 희곡에 관해서는 물론이며 전 세계적으로 연기술에 관한 최초의 기록이다.

　연기술의 meme 유전자가 유전자 진화의 과정을 그대로 따른다는 리처드 도킨스의 새로운 발견을 전제로 해서 아리스토텔레스 『시학』은 연기술의 기록으로는 최초의 화석이라고 할 수 있다. 뿐만 아니라 다양하게 결합(교배) 가능하고 새로운 진화를 열어갈 수 있는 기반이다. 드니 디드로의 『배우에 관한 역설』은 『시학』의 미메시스 원리를 그대로 잇는다. 이미 말했듯이 DNA 유전자의 결정적 요소인 염기와 같은 구실을 하는 것이다. 다만 중세 종교의 시대를 맞아 시대적 적응력이 둔화된 상태에서 오랜 시간을 잠복해있었던 탓에 편측성을 갖게 된 것이라고 생각된다.

시스템은 스타니슬랍스키라는 대선생의 거인적인 노력에 의해 완성된 것이다. 시스템이라는 결과만을 보지 말고 왜 시스템이 필요했는지, 그 이유와 시스템이 완성되기까지의 과정을 확인해야 한다. 그래야 우리가 처한 상황에서 우리가 갈 수 있는 길, 가야할 길이 드러난다.

그리고 내 개인적으로 그 길의 끝은, 결국은 아리스토텔레스의 『시학』으로 되돌아가는 전환점이다. 『시학』은 모든 공백을 완벽하게 채워준다. 최초의 연기술 유전자다. 그래서 나는 『시학』의 미메시스 본성과 통하는 동양정신 '심신불이(心身不二, 몸과 마음은 둘이 아니다)'는 전제를 확고부동한 기초로 해서 『배우 수업』을 탐구하며 같은 이유로 그로토프스키의 탐구 과정을 나의 연기 메소드 탐구 과정에 포함시킨다. 나는 지금 결국 나에게로 되돌아가는 전환점에 서 있는 셈이다.

· 『배우에 관한 역설』 _드니 디드로[Denis Diderot]

『시학』에서부터 이어지는 모방(미메시스)과 지성을 핵심으로 한다. 그리고 다시 디드로 이후의 연기 방법 중 한 축이 되고 있다. 시스템과 디드로의 통합의 근거는 물론 미메시스 본성에서 비롯되는 유희의 본능, Play 감각이다. 스타니슬랍스키가 스스로 자기 시스템에 명명한

'의식적인 심리 기술'이라는 의미부여는 명백하게 잠재의식에 대한 이율배반의 예술, 연기에 대한 중립적이고도 역설적인 접근이다. 디드로는 그 사실을 명명백백하게 반증해 준다.

　디드로가 『배우에 관한 역설』에서 설명하는 '연기'에 관한 내용을 꼼꼼히 분석해보라. 디드로는 스타니슬랍스키 전(前) 시대의 연극과 연기 스타일을 조망할 수 있게 해준다. 뿐만 아니라 스타니슬랍스키에 대한 비판적 관점이 커지고 있는 지금, 이 시대적 흐름에 오히려 '시스템'에 대한 비판적 관점을 불식시켜줌은 물론 균형과 통합의 관점을 위해 꼭 필요한 '연기론'이다. 꼬끌랭의 연기 스타일이 지나치게 '하는 것(doing)'에 치우쳤다는 사실을 제외하면, 디드로의 연기와 맞물린다는 사실을 알 수 있다. 뿐만 아니라 본질적인 측면에 있어서, 또 연기술과 관련해서도 여전히 유효하다. 배우는 그 자체로 역설의 장이기 때문이다.

　사람한테 천부적 자질과 용모, 목소리, 판단력, 섬세함 등을 주는 것이 자연이라면, 자연이 준 재능을 완성시키는 것은 위대한 전범(典範)들에 대한 연구, 인간의 마음과 사회의 관례에 대한 지식 꾸준한 노력, 경험, 연극에의 익숙함 등이지요.

　　　　　　　　　　　　　　　—드니 디드로, 『배우에 관한 역설』

　내가 디드로의 『배우에 관한 역설』에서 필연적으로 시스템을 지금, 여기에서 나에게 필요한 연기술로 바꿔가는 과정을 통해 시스템과 긴밀하게 연결되는 고리로 찾아낸 최고의 발견이 '역설의 원칙'이다. 역설의 원칙은 『배우 수업』 전체적인 내용 가운데 빈번하게 생략되어 있는 행간의 올바른 의미를 파악하기 위해서 필요한 '행동 창조'를 위한 토대가 되는 원칙이다. 『배우 수업』을 풀어내려면 '연기의 역설' 원칙을 적용시켜야만 한다. 나는 연기의 역설 혹은 때때로 필요에 의해 '배우의 역설'이라는 표현도 쓸 것이다. 그의 책 전체에서 뽑아낸 원칙이지만 부분적으로 조금 다르게 적용하기도 할 것이다. 하여 내 임의대로 '역설의 원칙'이라고 이름 붙인다.

영향 여부의 문제를 떠나서 스타니슬랍스키 본인도 『배우에 관한 역설』에 깊은 관심을 갖고 있었음은 물론이다. 연기에 대한 디드로의 생각이 스타니슬랍스키 연기 시스템이 갖고 있는 결점들을 보완해주기 때문이다. 스타니슬랍스키 역시 디드로에게 깊은 관심을 갖고 있었다는 사실은, 그의 저서 『나의 예술 생애』에 나타나 있다. 그리고 너무나 역설적이게도 『배우에 관한 역설』이 처음 발견된 것도 러시아의 '고문서 보관실'이었다.

깊이 파들어 가면서 알았지만, 내가 스타니슬랍스키가 지극히 디드로적인 거장이란 사실을 발견하게 된 것은 결코 우연이 아닌 것이다. 그의 시스템 구축 과정은 디드로가 배우에게 요구했던 인내심을 동반한 관찰과 냉철한 이성을 동반한 과학적인 탐구로 점철되는 거인적인 노력의 과정이었다. 스타니슬랍스키는 자신의 타고난 모든 재능을 동원해서 자기 시대와 자신을 관찰하여 연기에 대한 모든 문제를 찾았고, 그 문제

해결을 위해 그 시대의 대표적인 배우 '리얼리즘 연기의 아버지'로 일
컬어지는 쉐프킨(Mikhail S. Shchepkin)을 비롯해서 이탈리아의 탁월한 배
우 살비니 등 자신이 살던 시대 모든 위대한 배우들을 연구했다. 또 디
드로의 요구대로 인간의 마음과 사회의 관례에 대한 지식은 물론 근육
의 이완을 위해서 필요했던 신체 훈련 방법 등 연기와 관련된 모든 분야
를 연구했다. 이러한 발견들 또한 이 책 곳곳에 역설의 원칙으로 두 대
가가 만나는 지점마다 풀어놓을 생각이다.

• 『가난한 연극』_그로토프스키^{Jerzy Grotowski}

왜 그로토프스키였는가? 이유는 신체를 중심으로 가장 본질적인 부
분까지 탐구한 과정이기 때문이다. 앞에서도 잠깐 언급했던 바 개인적
으로 그로토프스키가 이상적으로 시스템을 흡수했다고 생각한다. 스타
니슬랍스키의 시스템과 그로토프스키의 메소드를 동시에 탐구한다면,
그로토프스키의 방법들에 흡수되어 있는 스타니슬랍스키 시스템의 영
향을 발견할 수 있을 것이다. 지금까지의 내 경험에 의하면, 그로토프스
키 연기 메소드 탐구는 다시 스타니슬랍스키로 되돌아가게 한다. 적어
도 내 탐구 과정에서는 두 대가가 서로를 물고 있다. 아니 구약의 실현
이 신약인 것처럼, '뫼비우스의 띠'와 같은 상태라고 하는 편이 맞겠다.
그로토프스키 스스로도 자신의 "작업을 시작하면서 스타니슬랍스키의
기술을 출발점으로 이용했다"는 고백을 한 바 있다.

그로토프스키는 스타니슬랍스키 후(後), 스타니슬랍스키 시스템과 메

이어홀드(Vsevolod E. Meyerholt)의 '생체 역학' 메소드를 탐구하고 실험을 통해서, 자신만의 새로운 생각으로 균형과 통합을 이루어낸 대가이다. 스타니슬랍스키 제자인 그로토프스키의 작업은 분명 스타니슬랍스키에서 이어지고 스타니슬랍스키를 넘어 진화한다.

　순전히 내 생각일 수 있지만, 그로토프스키 역시 그 스승으로부터 '기초'를 배웠기 때문에 스승인 '스타니슬랍스키 너머' 그 오래된 미래, 옛사람의 '신체-기억'에 까지 도달했다고 믿고 있다. 그로토프스키의 미학은 스타니슬랍스키 시스템과 함께 연구되고 실천될 때 오히려 충분히 유용한 연기 기술이 될 수 있다. 러시아에서 시스템을 공부하고 난 이후에 줄곧 떠나지 않던 생각이다. 하여 내가 두 대가의 시스템을 동시에 탐구하는 궁극적인 목표는 그들 두 대가의 전과 후를 평행선에 놓고 서로 마주보게 하는 것이다.

- 『테크닉 연기』, 『미하일 체호프의 배우에게』_미하일 체호프[Mikhail Chekhov]

　개인적으로 미하일 체호프로 보충할 수 밖에 없다. 미하일 체호프는 신체를 중심으로 봤을 때, 나 자신의 '연기술'을 탐구해오는 길에 필연적으로 만나게 되는 또 한 사람의 천재 배우다. 특히 신체 상상력에 있어서 체호프가 찾아낸 방법들을 반드시 보충해주어야 『배우 수업』을 습득하는 과정이 더 완전해진다. 물론 그 반대로도 마찬가지다.

　이미 그의 연기술과 시스템을 결합하는 작업을 했고, 그 결과를 갖고 박사논문을 썼다. 특히 신체 상상력에 있어서 체호프가 찾아낸 방법들을 반드시 보충해주어야 『배우 수업』을 습득하는 과정이 더 완전해진다.

체호프는 배우로서 천재다. 그러나 그의 천재성이 스타니슬랍스키라는 대가를 통해 조율되지 않았다면, 그는 아마 정신적으로 이상해졌을지도 모른다. 체호프가 균형 잡힌 시각과 열린 생각으로 신체를 따로 생각하는 배우들에게 몸과 마음을 하나로 일치시켜 균형 있게 이완시켜줘야 하는 근본적인 이유와 그 방법을 깨닫게 된 것은 순전히 스타니슬랍스키와 박탄코프(Vakhangov)의 영향이라고 생각한다. 나의 박사논문이 그로부터 시작되었을 만큼 나에게 정말 지대한 영향을 끼쳤는데, 그는 아직까지도 나 자신의 객관적인 시선이 되지 않아서, 배우들과 그에 대한 대화를 하는 것은 계속 미뤄두는 중이다. 사실 미하일 체호프의 메소드는 애초에 한국적 토양에서 시스템의 교육 체계에 따른 연기 훈련이 힘들 것이라는 생각을 하고, 그 보완 방법을 찾다가 발견한 것이 메소드였다. 처음에 선택했던 대가는 메이어홀드였다. 운 좋게도 GITIS에 메이어홀드의 '생체 역학' 수업이 있어서 두 해에 걸쳐서 훈련을 받을 수 있었다. 하지만 상징적이고 기호적인 행동을 유기적으로 잘 짜놓은 에피소드를 반복하는 것 외에 그 이상으로 확장되지 않아서 눈을 돌려 찾은 사람이 바로 미하일 체호프이었다.

개인적으로 스타니슬랍스키 시스템을 완전히 이해하기 위해서 그로토프스키와 미하일 체호프, 두 천재가 걸었던 길을 다시 점검했다. 그리고 그 선택은 나 자신에게 기적이 되었다. 그 내용에 대해서는 화술을 정리한 책에 자세하게 쓴 상태라서 부득이하게 말을 아껴야겠다.

그런데 참으로 역설적이다. 메이어홀드도 미하일 체호프도 스타니슬랍스키 제자이고, 그로토프스키 역시 본인 스스로 밝힌 바대로 스타니슬랍스키를 출발점으로 한다는 점이다. 그리고 또 정말 아이러니하게도 오히려 그로토프스키와 미하일 체호프는 지극히 스타니슬랍스키가 꿈꾸던 미메시스적인 예술가다. 그들 두 사람이 신체를 중심으로 인간의 깊은 본성을 탐구해 들어가는 창조적 영감과 상상력이 넘치는 예술가였다는 것은 엄청난 아이러니다. 그런 이유로 그로토프스키와 함께 미하일 체호프를 탐구하면 '몸과 마음'을 더 깊이 이해할 수 있을 것이다.

• 『배우와 목표점』_데클란 도넬란[Declan Donnellan]

최근 3년간 이 책을 다시 쓰면서 새로 발견한 책이다. 그는 아마도 제3세대 혹은 제4세대 계승자 중, 현재 21세기 가장 중요한 연출가 중에 한 사람일 것이다. 한마디로 21세기에 진화 중인 연기술들의 meme 유전자가 어디까지 이르렀는지 알 수 있다. 늘 새로 고쳐 읽고, 연기술로 고쳐 쓰고 있다. 데클란 도넬란의 책은 나 자신도 다독을 했다. 그의 연기 접근법은 스타니슬랍스키의 '시스템'과 드니 디드로의 '연기 역설'의 원리를 관통하게 해주는, 그래서 양극단에 놓일 뻔 했던 두 대가를 전체로 볼 수 있는 결과를 안겨주었다. 연출가로서의 노력과 깊이를 느낄 수 있는 책이다. 최고의 연기 교육자라는 정평이 헛된 것이 아니었다.

다섯 권의 책은 따로, 혹은 『배우 수업』과 함께 많게는 백 번 이상, 적게는 수십 번을 읽은 책들이다. 『시학』과 『배우에 관한 역설』은 2003년 박사논문을 쓰면서부터 필요에 의해서 공부하고, 다시 『배우 수업』을 탐구하는 10년을 더 공부했다. 그리고 이 책들이 진짜 연기술이라는 확신을 갖게 되어 『시학 & 배우에 관한 역설』을 써내기도 했다. 그로토프스키는 연극을 시작하던 때부터 공부했으니 『배우 수업』과 같이 읽어온 셈이다. 5년 전에 『가난한 연극』을 풀어낸 초고를 이미 끝낸 상태로 잠자고 있다. 미하일 체호프는 1997년부터 새로운 길을 모색하기 위해서 공부했으니 20년이 넘었다. 데클란 도넬란의 책을 빼면 모두 15년 이상씩 공부하고, 백 번 이상씩 읽었다. 데클란 도넬란의 책은 지난 4년간 집중해서 수십 번을 공부한 책이다.

그다지 머리가 좋은 편은 아니라서 이해하고 아는 데 시간이 오래 걸린다. 성숙에 걸리는 시간이 남보다 몇 십 배는 더 필요하다. 아직도 다 알려면 시간이 더 필요하지만, 나도 이제 인생의 가을로 접어들어서 남은 시간이 그리 많지 않다. 그리고 나에게 준 천명이라고 생각하는 '한글 화술'을 마무리해야만 되기 때문에, 일단 『배우 수업』으로 지은 배를 하나씩 온 마음으로 정성을 다해서 띄운다. 혹시 내 나머지 일 설거지가 끝나고 찬찬히 다시 볼 기회가 생기면 그때 새로 고치겠다. 혹시 또 그런 시간이 나에게 오지 않는다면, 이제 누군가가 그 일을 할 것이라고 믿고 마음을 비우기로 하겠다.

그 외에 예술과 인문학과 관련된 책을 빼고, 다른 연기술 책이나 연극론은 마지막 1년 동안 고치면서 확인하기 위해서 읽었다. 물론 그 중 중요하다고 생각하는 관점은 능동적으로 받아들여 흡수시켰다. 특히 전체적으로 각 장마다 영향 관계가 밀접한 사람들을 번역되어 있는 한에서, 내가 공부한 책들에 한해서 소개를 했고 확인에 도움이 될 책들을 꼽아주었다. 앞에서 얘기했듯이, 시스템이 완성되는 과정에서 각 시기마다 혹은 각 나라마다 스타니슬랍스키 제자들이나 추종자 혹은 계승자들이 각자 필요에 따라 핵심으로 선택한 기술이 모두 제각각이다.

출판이 결정되고 교정과 함께 마지막 점검을 하면서 연기술 혹은 연기와 관련된 책들을 최대한 찾아 읽고 일일이 확인한 뒤에 선택했지만, 분명 한계는 있을 것이다. 이 책에서 모든 제자들, 모든 추종자들을 전부 다룰 수는 없다. 내 능력 밖이다. 다만 내 능력의 한계 안에서 좀 더 필요하고 중요하다고 생각하는 계승자들과 그 외에 필요하다고 생각하는 책들 역시 각 장에서 따로 밝혔다.

이 책을 탐구하면서 필요했던 모든 책들은 이 여행의 끝, 마지막 『배우 수업 오디세이 ― 결 』에서 밝히겠다. 지금 일일이 책 이름을 다 쓰면, 그것을 보고 포기할 수도 있을 것이고, 욕심 많은 누군가는 그 욕심에 치일 것이기 때문이다. 천천히 서두르지 말고 1년 정도의 시간을 완전히 비워놓고 여행을 시작해보라.

시간이 없다고(?), 대가가 보낸 60년도 아니고 내가 이 책을 쓴 10년도 아니고 고작 1년인데(?). 그렇다면 당신에게는 후한 말기의 학자 동우(董遇)의 일침이 필요하다. 동우는 삼여(三餘), 곧 세 가지 여가(餘暇)만